培养最具竞争力的中学生

王金战 尤新华 贾秀梅 岳兴彩 ◎ 著

图书在版编目(CIP)数据

培养最具竞争力的中学生/王金战等著. —北京：北京大学出版社，2011.7

ISBN 978-7-301-19131-6

Ⅰ. 培… Ⅱ. 王… Ⅲ. 中学生—家庭教育 Ⅳ. G78

中国版本图书馆CIP数据核字（2011）第114470号

书　　　　名：	培养最具竞争力的中学生
著作责任者：	王金战　尤新华　贾秀梅　岳兴彩　著
责任编辑：	秦　雯
标准书号：	ISBN 978-7-301-19131-6/G·3188
出版发行：	北京大学出版社
地　　　　址：	北京市海淀区成府路205号　100871
网　　　　址：	http://www.pup.cn
电　　　　话：	邮购部 62752015　发行部 62750672 编辑部 82893506　出版部 62754962
电子邮箱：	tbcbooks@vip.163.com
印　刷　者：	北京嘉业印刷厂
经　销　者：	新华书店 787毫米×1092毫米　16开本　13.25印张　170千字 2011年7月第1版第1次印刷
定　　　　价：	32.00元

未经许可，不得以任何方式复制或抄袭本书之部分或全部内容。
版权所有，侵权必究
举报电话：010-62752024　电子邮箱：fd@pup.pku.edu.cn

目 录 *Contents*

Part 1
懂孩子的家长应该知道的

1. 问题孩子出自问题家长 / 3
2. 14岁之前是孩子成长的关键时期 / 5
3. 现在的孩子最需要什么 / 7
4. 孩子不愿与家长沟通，责任在家长 / 9
5. 孩子的前程是需要提前设计的 / 11
6. 数子十过不如奖其一功 / 12
7. 跟孩子讲话是要备课的 / 14
8. 如何对待孩子的缺点 / 18

Part 2
让喋喋不休变成孩子能理解的爱

1. 进入重点中学的孩子很自卑，怎样帮他重树信心 / 23
2. 孩子军训很苦很累，父母要不要去看望 / 26
3. 孩子因相貌不佳而自我封闭，怎样使他不再自卑 / 28
4. 孩子不愿接触异性同学，怎样帮他克服心理障碍 / 30
5. 孩子想竞选班干部，家长该不该支持 / 32

⑥ 孩子参加学校的课余活动很活跃，会影响学习吗　/ 34

⑦ 男孩子一身女孩气，怎样让他更具阳刚之气　/ 36

⑧ 孩子有点同性恋倾向，家长应该怎么办　/ 39

⑨ 孩子很懒惰，怎样培养他的生活自理能力　/ 42

⑩ 孩子娇生惯养怕吃苦，怎样培养他的吃苦精神　/ 44

⑪ 孩子考上寄宿制学校却不愿意住校，怎么办　/ 45

⑫ 孩子习惯性说谎，家长怎么办　/ 47

⑬ 孩子做事磨蹭拖拉，怎样改变这种状态　/ 49

⑭ 孩子闹着要手机，配手机会不会影响他学习　/ 52

⑮ 孩子沉迷于网络，家长怎样帮他摆脱　/ 54

⑯ 孩子成了追星族，家长该如何引导　/ 57

⑰ 孩子偷看黄色小说，应该怎样跟他谈"性"　/ 60

⑱ 孩子甘做"宅男"、"宅女"，怎样让他们走出家门　/ 62

⑲ 孩子早恋，家长该如何应对　/ 64

⑳ 孩子喜欢比吃穿，怎样消除其攀比心理　/ 67

㉑ 孩子和社会不良青年混在一起，家长怎么办　/ 70

㉒ 孩子喜欢穿奇装异服，家长如何做说服工作　/ 72

㉓ 孩子经常被同学欺负，家长应该如何处理　/ 74

Part 3
巧妙沟通化解孩子成长的烦恼

① 孩子凡事都让家长拿主意，如何让他有主见　/ 79

② 孩子爱说"不关你的事"，是家长管多了吗　/ 82

③ 家长自己的事情，有必要跟孩子沟通吗　/ 84

④ 孩子产生逆反心理，家长怎么应对　/ 87

⑤ 孩子心情不好时，怎样帮他疏导负面情绪　/ 91

⑥ 家长经常失控随意打骂孩子，怎么办 / 93

⑦ 孩子缠着买东西，怎样巧妙拒绝他的无理要求 / 96

⑧ 父母是否可以看孩子的日记，发现问题怎么办 / 98

⑨ 学校老师时间紧，家长如何多与老师沟通 / 101

⑩ 老师经常诉说孩子的"不是"，家长该怎样面对 / 103

⑪ 孩子住校，家长怎样和学校有效沟通 / 105

⑫ 单亲家庭孩子有心理创伤，家长怎样与他交流 / 107

⑬ 孩子不懂宽以待人，怎样让他学会宽容 / 111

⑭ 孩子对父母感情淡漠，怎样让他学会感恩 / 113

⑮ 家长跟孩子之间无话可说，如何打破隔阂 / 116

⑯ 跟孩子谈人生，如何说他才容易接受 / 118

Part 4
帮助孩子学习并快乐着

① 孩子没有考上重点高中，态度消极怎么办 / 123

② 孩子上高中后成绩一落千丈，家长应如何鼓励 / 125

③ 孩子成绩排名靠后，自暴自弃怎么办 / 129

④ 为了增加升学优势，孩子是否一定需要培养特长 / 132

⑤ 孩子满足现状，学习缺乏竞争意识怎么办 / 134

⑥ 学习竞争激烈，怎样让孩子正确对待同学竞争 / 136

⑦ 孩子贪玩不思进取，怎样激励他 / 138

⑧ 孩子厌学，对学习有逆反心理怎么办 / 142

⑨ 作业如山，如何帮孩子巧用题海战术 / 144

⑩ 孩子奋起直追，先学新内容还是先补旧内容 / 147

⑪ 孩子不喜欢某科老师，导致偏科怎么办 / 149

⑫ 孩子某科处于弱势，怎样帮他消除恐惧心理 / 151

⑬ 孩子顾此失彼，怎样帮他处理好各科关系 / 153

⑭ 时间有限，如何帮助孩子高效预习、复习 / 156

⑮ 孩子迷恋上网，怎样指导他借助网络进行学习 / 158

⑯ 孩子学习容易走神，怎样帮助他提高学习效率 / 160

⑰ 孩子经常"开夜车"学习，父母该如何说服 / 163

⑱ 孩子上课不听讲，该不该上补习班 / 167

⑲ 孩子成绩大起大落，怎样帮他稳定成绩 / 169

⑳ 孩子很努力但成绩始终不理想，家长如何对待 / 171

㉑ 孩子心理压力大，大型考试发挥失常怎么办 / 174

㉒ 孩子升入高中，如何帮助他培养新的学习习惯 / 176

㉓ 孩子思路窄，家长如何帮助他锻炼思维 / 179

㉔ 高校自主招生考试，孩子是否适合参加 / 181

㉕ 家有高考生，家长的心态怎样调整 / 184

㉖ 高考之前，家长如何帮孩子调整心态 / 187

㉗ 面对高考作弊和高考移民，如何摆正心态 / 189

㉘ 高考临近，家长如何配合孩子 / 191

㉙ 高考前一个月，怎么安排孩子的学习和生活 / 194

㉚ 填报高考志愿时，孩子和家长意见不一怎么办 / 196

㉛ 高考失利，家长如何帮助孩子走出阴影 / 199

㉜ 孩子选择复读，家长如何帮他缓解心理压力 / 201

懂孩子的家长应该知道的

关键词：问题孩子 家务包办 缺点 14岁 独生子女
发泄 知心朋友 沟通 尊重 对话 招生政策 表扬 听话
鼓励 压力

问题孩子出自问题家长

近几年,几乎每天都有家长带着自己的问题孩子,带着教育孩子的困惑来求助于我。我吃惊地发现,有95%的问题孩子是出自问题家长。

情景一:

家长和孩子一起来到我的面前,我自然会问孩子上几年级、多大了、在哪个学校等一些最基本的问题,结果全是家长回答。我问孩子的所有问题,家长几乎都争着回答,而这样的家长并没有意识到自己的严重错误——把孩子说话的权利都剥夺了。即使我劝说家长把说话的机会让给孩子,家长也还是习惯性地把话题抢了去,以致我只能劝家长回避一下,让我跟孩子单独谈谈。我发现这种家长的孩子往往是少言寡语,不善交流,明眼人一看就明白,根本原因出自家长。

家长可以替孩子做家务,可以替孩子吃苦,但不能连孩子说话的机会都剥夺了!孩子能干的事家长包办代替,家长就剥夺了孩子提高自身能力的机会。一个家长要把孩子当成未来的人才来培养,而不是将其当成宠物来呵护。

情景二：

家长和孩子来到我的面前，一般家长都会先流泪。情绪调整好了，便开始说孩子的问题："王老师，我可见到你了，我有希望了，我先跟你说一说我孩子的问题。我孩子最大的问题是……其次的问题是……再次的问题是……"还有的家长怕我对孩子的问题理解不透，干脆就提前写了一篇文章，名叫《孩子的主要问题》。

这些家长在当着孩子的面大谈孩子的问题时，有没有考虑到孩子的感受？孩子出于对我的崇拜来求助于我，他是多么希望能给我留下好的印象。可孩子还没说话，家长就先把孩子说得体无完肤、一无是处。孩子好不容易来见我一面，难道就是为了让我彻底了解他的缺点吗？当家长滔滔不绝地指责孩子的种种"罪行"时，有没有考虑到孩子的心已在流血？

我实在听不下去了，便打断家长的控诉："你能不能提出孩子的几个优点？"家长被我打断后开始想孩子的优点，竟然好长时间想不出一个优点，甚至有些家长反问："唉，我的孩子还能有优点吗？"每每遇到这样的情景，我总为孩子感到悲哀。孩子从家长那里听到的只是指责、抱怨、批评、教训，这样的孩子怎么可能有阳光的心态、自信的个性、自尊的人格？

我经常讲，**好孩子是夸出来的，不是批评出来的。孩子身上缺点越多，越需要家长拿着放大镜去寻找孩子的优点，然后给予及时的鼓励和表扬，这才是孩子最需要的**。一个经常得不到鼓励的孩子，他的潜能仅能发挥20%～30%；而一旦得到激励，其潜能将会发挥70%～80%。如果一个孩子生活在鼓励之中，他就学会了自信；生活在赞美之中，他就学会了感激；生活在指责之中，他就学会了自卑；生活在仇恨之中，他就学会了报复。

类似的情景还有很多,这里不再一一列举,只是想就此警示家长:人之初,性本善。一个孩子赤条条来到这个世界上,就是一张白纸。这张白纸首先落到自己家里,首先接触到的是父母。如果发现孩子有什么缺点,家长先不要急于去指责孩子,要先想一想孩子的缺点是不是家长造成的?

2
14岁之前是孩子成长的关键时期

我多年的研究发现,14岁之前是一个人智力开发的关键时期,这个时期一个人几乎可以完成其智力开发总量的90%。但是,这是一把双刃剑。

一个孩子如果在14岁之前能学到感兴趣的东西,那么他的智力将会得到较好的开发,所爆发出的能量甚至是成年人无法想象的。反之,如果14岁之前学到他不感兴趣的东西,或者大人强迫孩子学习他不愿意学的东西,那么他的智力将会得到严重的扼杀。所以在孩子智力开发的关键时刻,一定不要逼着孩子去干他不想干的事。反观现在很多家长,违背孩子意愿给孩子报了很多学习班,虽然他们的愿望是好的,但造成的后果很严重。因此,家长应该先想方设法让孩子对学习感兴趣。

智力的开发是这样,行为、习惯的养成也是如此。

我在山东工作的时候,班里有个农村的住校生。我发现他每次吃完饭都把菜盆倒上水涮涮，然后喝掉，所以他的菜盆总是干干净净的，几乎都不用刷。我很感动，心想这孩子多不容易啊，生活这么节俭，以后肯定有出息。

后来这个学生果然没让我失望，考上了山东大学，在当时就很不简单了。他工作吃苦能干，发展得也不错，现在是一家市级银行的行长。前段时间师生聚会，吃饭的时候我发现他端过一个吃剩的盘底，自己偷偷倒上一点茶水，端起来就喝。

我想起他高中时候的事情，就笑着说："你现在是大行长，不缺钱，怎么还这么做？"他回想起往事，一下子动了情，说："王老师，小时候我家里穷，我爹每次吃完饭就把碗涮得干干净净，把菜汤喝掉。我也学着，从八九岁就习惯这么做了。后来这个习惯一直改不了。喝着这种菜汤感觉特别亲切，一喝就想起自己的从前，想起农村的父母，这样工作再苦再累，遇到再大的挫折我也不怕了。"

一个农村家长没多少文化，可是他一个小小的习惯，竟然影响到孩子的一生。这种影响融入了儿子的血液，深深根植于儿子心底，所以它是永远不会磨灭的。如果儿子到了十六七岁以后才看到父亲的这个举动，恐怕就不会养成这样的习惯了。

多年来，我对教过的一些学生进行长期的跟踪调查。**研究证明：14岁以前也是孩子成长的关键时期，这个时期奠定了孩子今后人生的基础。在这个时期，孩子所处的环境、所接触的人、所发生的事、所受的教育、所养成的习惯、所形成的性格，会深刻影响孩子的一生，而且这个影响几乎是无法代替、无法改变的。**

正面影响是这样，反面影响也是如此。一个优秀的人起步于14岁前，同样，一个"十恶不赦"的人也是从14岁以前开始"变化"的。

有句俗语说，对七八岁的孩子狗也嫌烦，而我们也往往把十三四岁看成孩子的"叛逆期"。在这两个时期，孩子的生理、心理和智力发育都产生了飞跃性的变化，孩子特别活跃，接受新事物特别快，所以表现出来的问题也比较多。面对孩子的表现，许多家长要么无动于衷、听之任之，要么厌烦至极、粗暴打压，要么稀里糊涂、不得要领。这些想法和做法都是不对的，是消极的、不负责任的。

孩子14岁之前同时也是家长影响孩子、教育孩子的最佳时期。这个时机稍纵即逝，再也不会重来。抓住这个时期，在教育孩子上就会占据主动权，事半功倍；相反，错过这个机会，就会处于被动地位，事倍功半，甚至会耽误孩子的一生。

现在的孩子最需要什么

有一次，听一位朋友谈到他教育孩子的一段感悟：

女儿考上大学后，虽然离家很近，但为了锻炼她独立生活的能力，还是决定让她住校。开学还有半个月时，她妈妈就开始给她买这买那，几乎天天去超市，结果买到开学那天还没买够。从吃的到穿的再到用的，家里东西多得都快成个小超市了。我心里着急：有这个必要吗，这是多大的浪费呀！可是看到她妈妈那副慈母的样子，我又不忍心给她泼凉水。女儿只是听任她妈妈成堆地往家搬东西，无动于衷。

开学那天送女儿上学的时候，我对女儿说："你不在家，没人跟我斗嘴了，你老爸该多寂寞啊！"结果女儿一听这话，一下扑到我怀里哭了半天。

送完女儿出来，爱人就埋怨我们父女没良心，说她自己为女儿忙活了半个多月，累得觉都睡不着，到头来女儿连一句感激的话都没有，甚至有时候还嫌她烦。

我赶紧安慰她："其实当然还是你最关心孩子，她也早已习惯了，觉得你做那些都很正常；我对她很少过问，稍微给点阳光她就灿烂了。"爱人听了这才感觉稍微好些。

其实有句话我没说："你虽然给孩子买了很多好东西，但你做的那些不是她最需要的，甚至是多余的，孩子当然没反应了。我虽然只说了一句话，但是说到孩子心坎上了。这句话饱含着我对她的尊重、理解和疼爱，这正是她最需要的，所以她就感动得不得了。"

朋友的这段感悟很有代表性。在衣食无忧的今天，孩子心理上的问题却层出不穷。据世界教科文组织统计，当今独生子女中心理疾病患者高达1/3，这是一个非常令人担忧的现象。要想扼制这一现象，我们必须仔细研究，现在的孩子究竟需要什么？

现在的孩子大都是独生子女，在家里没有一起玩耍斗闹的兄弟姊妹；在学校里学习负担过重，同学之间学习之外的交流几乎都被剥夺，难以找到知心朋友。而人是有思想和感情的，需要互相交流，有了烦恼和不良情绪更需要排遣和发泄。特别是在信息爆炸的今天，孩子不管是生理还是心智，发育都比较早，内心世界都很丰富。如果外界的朋友少，父母再不做孩子的朋友，甚至心理上与孩子处于对抗状态，那么一个问题孩子便由此产生了。所以，**现在的孩子最需要的是真正尊重、理解他的知心朋友，而不是事事给予他指导、管教并包办一切的家长。从这个意义上说，家长最应该做的就是要放下家长的架子，成为孩子真正意义上的知心朋友。**

既然孩子的物质需求很容易满足，那么经济上的付出就不再是关键了。很多家长以为，只要满足了孩子的物质需求就是为孩子做到了一切，甚至以为只要肯花钱就能换来孩子的美好前程。这种现象在成功人士的身上表现得更为突出。成功人士由于工作压力大，没有时间陪孩子，就想在孩子身上多投点资金来弥补对孩子的关爱，其实这是错上加错。这样家庭中的孩子，真正需要的不是金钱，而是家长陪着他共同成长的时间。反观有些家长，个人事业红红火火，教育孩子却一塌糊涂，还反过来怪罪自己的孩子。如果这样的家长也算成功的话，那这种成功究竟有多大价值？

4 孩子不愿与家长沟通，责任在家长

常听到一些家长抱怨：孩子不知道怎么了，小时候什么事儿都跟大人说；现在长大了，却什么都不肯跟家长说。乍一听觉得这是正常现象，孩子大了自然就不愿跟大人说话了。如果说有什么不正常的，那肯定是孩子不正常，是孩子出了问题。

真是这样吗？近几年，我通过大量地接触这样的学生和家长，发现问题还是出自家长。

我的一个学生都上高三了，也不跟他的爸爸交流。他爸爸是一个外交官，长年在驻外使馆工作，孩子从小就很少见到爸爸，逐渐产生了陌生感，甚至爸爸偶尔回家住几天，孩子都感到特不自在，因为家里多了一位陌生人。这使得爸爸很痛苦。所以家长无论多忙，无论工作多重要，还是应该想办法多挤点时间陪孩子的。我们既然把孩子带到了人世间，就有责任把他教育好。所以，不要只强调自己的工作有

多重要，教育好孩子同样重要。

曾经听过一位优秀教师的事迹报告，作为一名民办教师，他为山区的孩子奉献了自己所有的青春和感情，非常让人感动。但他最后的一段话却让我不舒服，他说："我为了别人的孩子却耽误了自己的孩子，到现在我的孩子还是个文盲。由于我缺少对孩子的关爱，孩子到现在都恨我。"听到这里，我对这个老师的印象已大打折扣，因为我知道，教育的前提就是爱。一个老师如果连自己的孩子都不关爱，怎么有资格当老师，怎么可能当好老师？现在社会舆论好像有一种导向，不把自己弄个妻离子散、家破人亡，好像就成不了模范人物，从爱的本能上来讲我不欣赏这样的模范人物。所以家长想跟孩子进行良好沟通，首先要懂得去爱自己的孩子。把自己的孩子冷落在一边，却一门心思去爱别人的孩子，这样的家长怎么可能与孩子有很好的交流？

有些家长认为，自己几乎把所有的关爱都给了孩子，结果还是得不到孩子的理解和尊重。其实这不是真爱，而是错爱。家长对孩子真正的爱必须以理解、尊重孩子为前提，否则家长就成为孩子最熟悉的陌生人。要想真正和孩子进行良好沟通，就要站在孩子的角度去看待问题。例如你觉得自己说的事情对孩子很重要，但孩子就是听不进去。你说的事情肯定重要，但这么重要的话如果重复了N遍，孩子还是听得津津有味，那肯定是孩子出毛病了。

还有一些家长不懂得尊重孩子成长的需求。孩子幼小无知时是比较听话的，但随着年龄的不断增长，特别是进入青春期以后，成才的意识迅速增强，这时候如果家长还是把他看成一个不懂事的孩子，还是用他在幼儿园、小学时的那种方法去教育他，就严重背离了他的需求，必然导致孩子的反感、对抗。我每天都在教青春期的孩子，怎么就没有几个叛逆的？那是因为我更尊重他们成长的需求！

说了这么多，无非就是提示各位家长，爱孩子要懂得方法，懂得换位思考，否则可能会因为爱而害了孩子。

孩子的前程是需要提前设计的

中国的国情决定了中国的高考在未来很长的一段时间内是没法取消的，但一次考试定命运又带来很多弊端。为了减少这种弊端，我们国家近几年出台了很多高考的改革措施。比如，为了促成不同人才的成长，许多高校自主招生，扩充了新的招生类别，如小语种、保送生、艺术生、体育生、国防生等，这些招生信息都是公开发布的，很容易查到。

孩子平时学习压力太大，根本没有心思去研究这些政策和信息，也理解不了这些政策，但到了高三再知道这些政策基本上就来不及了。对一个家长来说，对这些政策的提前了解就显得尤为重要。因为只有家长提前了解了这些政策，才能根据孩子的实际情况进行提前设计，否则最后也就只有拼高考总分这一条路了。但事实证明，这条路已越来越难走。

我的孩子在初一时基本上就确定了她的北大之路，因为我在她初一时就给她选定了一门艺术特长，这是我通过反复研究后做出的选择。我发现很多家长严重缺乏这种规划，他们只知道盲目跟风，给孩子报各种补习班、技能班，而没有去思考孩子是否真的适合学这些东西，学的这些东西在几年之后的高考中会有多大的相关性。所以我认为，孩子的前程是需要提前设计的，而这个责任应该由家长来承担。

数子十过不如奖其一功

俗话说，数子十过不如奖其一功。**一个经常批评孩子的家长肯定不是一个称职的家长，一个经常批评学生的老师肯定是教学艺术严重缺失的老师。**

孩子在成长的过程中出现一些问题是必然的。如果家长教育方法得当，引导孩子渡过难关，那么重新站立起来的孩子便因此多了一份坚强，多了一份财富；反之则极有可能毁了孩子的一生。那么恰当的方法是什么呢？我认为前提就是能帮助学生走出困境。

一个学生原本是班里的第1名，经过近3年的努力却落魄到了第30名。就在她即将彻底丧失信心的时候，我见到了这个学生。我清楚地知道，这个学生走到这个地步，遭受最多的是别人的指责和批评，最缺少的就是几次成功的体验。于是我给她定了个目标，在一个月后的期末考试中争取考到第28名。由于这个目标定得较低，对于这个学生来说较容易完成，她也自信地接受了。期末考试结果出来了，她考了第25名。我自然把她大大夸奖了一番，得到我的鼓励后，孩子的自信心开始恢复。在我的不断鼓励下，她在半年后的中考进了班级前7名。这里我想提示家长：**当孩子暂时处在困境中时，你一定要给他定个较低的目标，只要完成了就加以表扬，这才是真正有效的做法。**

我班上有个学生，第一次考试考了倒数第一，第二次还是考了倒数第一。我就在寻找表扬这个孩子的理由。这个学生上一次考试离倒数第二的差距是 200 分，这一次离倒数第二的差距是 170 分，缩小了 30 分。于是在考试总结会上我就刻意地表扬这个学生："一次考试离倒数第二的差距竟然缩小了 30 分，高三一共有 8 次大型考试，如果你每次考试都能有这样的提升，那么明年的高考都有考上北大、清华的'危险'，就看你敢不敢挑战自己。"高三一年来，我就是以这样的心态密切关注着他的每一点进步，及时地给予鼓励和表扬，经过一年的努力，他还真考上了北京大学。试想，如果这个学生第二次还考倒数第一时，我要是来一句：你怎么还是倒数第一？不用多了，就这一句，基本上就可让这个学生再也站不起来了。所以我经常强调，越是对差生，家长越应该用放大镜去寻找他的优点：一句表扬三冬暖，一句批评三春寒。

曾经有一位家长为了鼓励自己的孩子写作，特意在网上为孩子建立了博客。他从不要求孩子写，却始终能以身作则——自己坚持每周至少写3篇博文。其中一篇他是这样写的：

最近写得多了，总是在想，我是怎样开始写作的？说实话，可能是源于一次语文老师的夸奖。

记得小的时候，我是一个很淘气的孩子，是那种无声无息的淘气。我的数学成绩基本名列前茅，而语文成绩基本保持不及格或是刚刚60分的水平。

真正爱好写作文，应该是在高三。有一次语文老师留作业，让写一篇景色描写。我写的大概内容是：清晨的湖面，白茫茫的雾气还没有完全散去，微风吹过，荷叶轻轻地摇动，滚动着的露珠晶莹剔透，勤劳的渔民已经将小船划向很远的地方。小船驶过的水面，荷叶向两边分开来，很自然地形成一条细长的通道。太阳刚刚升起，在湖面洒满金光，在波光粼粼中，每一条小船驶过的通道都泛着银光，好像千万条银线通向远方。

　　这篇景色描写大概有150个字,老师没有把它当做范文朗读,但是作业发下来之后,我看到老师在这篇作文的下方赫然写着两个大字"很好",后面还加了一个巨大的感叹号。那时的心情真可以用"心潮澎湃"来形容。也许就是从那一刻,我不再反感写作文了,好像还总是期许着老师再次留"作文"作业。后来为了满足自己的虚荣心,我翻看了好多同学的作文本,都没有"很好"这两个字。

　　亲爱的老师和家长们,在不经意间夸夸我们的孩子吧,他们要受到鼓励才能激发出学习的兴趣。

　　优秀的家长不仅懂得夸奖和鼓励对孩子的帮助有多大,更重要的是懂得如何夸奖。往往是那些不愿意思考的家长,自以为知道"鼓励"这一说,却总是说"我也夸了,但是根本不管用啊",这样的家长其实根本不懂得什么是真正的"鼓励"。

　　没有教不好的孩子,只有不称职的家长;没有教不好的学生,只有不称职的老师。一个好家长、一个好老师,能够发掘出孩子的潜能和长项,帮助孩子克服弱点,把孩子带到阳光地带。

跟孩子讲话是要备课的

　　在一次家长见面会上,北京东城区一名高三男生的妈妈,好像完全忽略了其他家长的存在,一股脑地述说她跟孩子之间发生的事情。

她说孩子以前很听话,成绩很不错,可进入高中后跟父母的交流越来越少,对于学校里发生的事情以及自己的学习状况很少向父母提及。每当家长试图跟他谈论这些话题,或者看到孩子情绪不好想劝说几句时,孩子常常是把门一关,但一直没有跟父母发生过正面冲突。最近的一次月考,成绩下滑比较明显,看得出孩子情绪很低落,家长也在孩子面前表露出担心,询问孩子成绩下降的原因,并提醒要总结经验免得高考时再出现类似状况。可没有想到的是,孩子对此反应十分激烈,摔砸书本,并说自己不愿到学校上课了。于是妈妈又苦口婆心地劝说、鼓励,可没有什么效果,反倒是孩子冲着她大发脾气,甚至恼羞成怒地斥责妈妈从此闭上嘴巴。

妈妈唯恐月考的失利会对孩子造成打击,使他一蹶不振,甚至会做出一些不理智的事情,于是又时刻陪在孩子身边,千方百计安慰孩子。可她就不明白,为什么自己是好心,孩子却不领情。现在妈妈很害怕孩子放学回家,因为她不知道在孩子面前该谈些什么。对她来说,跟孩子之间的谈话简直就是一道难解的题。

其实,这个家长并非个例,如何跟孩子交流是很多家长的困惑。随着孩子的成长,家长越发不知道如何跟孩子说话。有时亲子之间对话,家长稍不留意就可能引爆炸弹。于是经常会有家长通过我的邮箱、博客,咨询应该怎么跟孩子交流,甚至问到处理具体问题时,应该跟孩子说哪句话。

家长对孩子说些什么、什么时候说、以什么样的方式说孩子才爱听,这可是一门学问,是需要家长花费时间琢磨的。并不是我告诉家长跟孩子说哪句话,家长说了就能收到理想效果的。因为同一句话,说话人的语气、表情不同,效果肯定不同。每个家庭中家长、孩子之间的互动方式不同,孩子的个性不同,甚至有时候说话的情境不同,都会使得说同一句话的效果也是大相径庭的。所以跟孩子说话,家长是要备课的。

在《学习哪有那么难》这本书中我谈过，在我女儿每次大型考试期间，我都是她指定的专门陪护。因为她知道在她最需要的时候，我的一句话就能让她精神抖擞。尤其是高考那几天，每科考过之后，我都会观察孩子的表情，有的放矢地帮助孩子及时调整情绪和考试状态，使她超水平发挥，终于毫无悬念地进入北大。其实，并不仅仅是在孩子参加重大考试或谈论孩子的学习时，家长说话要备课，在跟孩子相处的时时刻刻、方方面面，家长跟孩子尤其是青春期的孩子说话时，都一定要深思熟虑，做足功课。

家长要注意选择说话的内容

和孩子谈话未必都要选择正儿八经的话题，特别是面临高考的孩子，如果家长说话三句不离考试、学习，孩子自然心生厌烦。就像前面那个高三的孩子，面对紧张的复习，压力本来就很大，父母的叮咛、嘱咐就会成为孩子的无形负担，使孩子身心焦躁不安，无法进入正常的学习状态。如果父母能够选择一些轻松的、孩子感兴趣的话题，孩子自然不会拒父母于门外。而且孩子的生活主题就是学习，即使家长不谈学习，只要谈话符合孩子的口味，谈着谈着他自己也会谈到学习上来了。一谈到学习，班里发生的事情自然就谈到了。家长想了解的自然也就了解到了。有时，生活中一些看似无聊的事情，如果把握好了，也能帮助孩子释疑解惑、培养性情。

说话的方式往往比内容重要

家长要掌握更多和孩子交流的方式，**跟孩子说话尽量少用反问句**，如"你怎么还不抓紧时间写作业"、"你不是答应过了吗"；也

尽量少用陈述和评价，如"这么晚了，别磨蹭了，赶快写完作业抓紧休息"。因为这些话忽略了情感的传递，让孩子听到的是责怪、命令，会让孩子很反感。如果家长说"孩子，今天是不是太晚了，可以休息了吗"，孩子的感受肯定不一样。家长还要多思考、多尝试有效的交流方式，比如给孩子写信、留字条。有时候虽然家长自认为说话的方式改变了，可说话的语气没变，说话的内容没变，孩子自然对此不屑一顾。

和孩子交流的时机也很重要

比如孩子考试失利，一般情况下都会失落、伤心，这时家长要给孩子时间、空间，允许孩子宣泄负面情绪。孩子说的一句丧气话，也许仅仅是其情绪的宣泄罢了，对此家长不必过于紧张，不要急于劝慰、鼓劲，而要相信孩子有自我修复的能力。这个过程正是孩子成长的过程。

不少家长认为这个时候如果不对孩子说点什么，就是没有尽到责任。可我认为，这时家长不说反而可能比说的效果更好。如果父母只是为了满足自己的需要，只考虑自己的主观意愿，不顾及孩子的感受，这样的对话只讲究动机不看实效，其实并没有真正尽到责任。

家长与孩子之间的对话并不是给予和接受，而是共享，需要了解彼此的真实意愿和需要，尊重彼此的观点。如果家长能够充分认识到这一点并努力践行，孩子才会听家长说的话，才肯向家长说出他们的心里话。

如何对待孩子的缺点

在给我的博客留言和邮件中,常有一些家长历数孩子的种种缺点和劣行,谈起孩子的缺点和不足,家长可以说是滔滔不绝。每读到这样的留言或邮件,我的心情总是很沉重,如鲠在喉。

错把特点当缺点

我曾接待过一位来自河北唐山的母亲,女儿高二,当时辍学在家已经两个月了。家长聊起孩子,孩子简直一无是处:没有学习目标,没有好的习惯,学习不主动,更主要的是性格内向,人际交往能力差……我问家长孩子有什么优点,家长沉思了许久才说:"孩子还算心地善良、孝顺,同学中人缘也比较好。可学习成绩班级倒数,这些优点又有什么用呢?"

原来他们夫妻都是普通工人,性格相对内向,社会交往圈子相对较小,他们感觉这在一定程度上影响了个人事业发展和生活质量。因此,他们希望女儿在这方面能够有所改变。孩子升入高中后,家长就要求孩子注意与同学处好关系,多跟性格开朗、社交能力强的孩子交往,以弥补自己的性格缺陷,培养自己的社交能力。家长突出强调内向性格的种种不利,给孩子造成很大的心理压力。高二分班后,女儿突然提出不愿上学了，她说自己为了和班里那些人际交往能力强的同学处好关系，耽误了自己的学习时间。她看不惯那些人的品行，却又得违心地与他们交往。孩子感觉在这样的环境下生活太累了，最终选择了辍学。

这个女孩的选择令我惋惜，这对父母的做法更令我费解：性格内向怎么就是孩子的缺点呢？其实，人的性格内向、外向并没有好坏之分，各有各的优势和短板，并没有心理学家论证过外向、内向孰优孰劣。而这位妈妈对内向性格的不认可，无形之中放大了孩子性格上的这些特点，过度的关注和强化反而增加了孩子的心理负担，让孩子怀疑自己的能力，失去了自信。孩子总在试图改变家长或别人眼里自己的形象，可事与愿违，常常使她处于冲突之中。

每个孩子身上都会有一些在父母看来是缺点的特点。当父母在不经意间反复去强调这些"缺点"时，很可能给孩子带来压力和伤害。**如果家长急于指出让孩子改正，甚至不分场合批评孩子，就会严重伤害孩子的自尊。**孩子可能会认为家长不爱自己，从而产生自责心理。如果长期被指责、被否定，孩子也容易产生自卑、抵触心理，甚至有的索性破罐子破摔以此报复家长。**如果家长真心爱孩子，最好三缄其口，少去谴责孩子，更不要在外人面前宣扬孩子的"缺点"。**

把所有孩子共有的特点当成自己孩子独有的缺点

有很多家长是把所有孩子共有的特点当成自己孩子独有的缺点来批评，自然对孩子是不公平的。例如家长常说："我的孩子就是马虎！"我问："何以见得？"家长回答："他总是把会做的题目做错。"且不说这个"总是"用得多么武断，单纯是把会做的题目做错这件事——就是把所有学生共同的特点当成了自己孩子的缺点。

错把优点当成缺点

还有些家长干脆就是把优点当成缺点来批评了。例如，很多家长抱怨自己的孩子没有毅力，因为孩子经常制订学习计划，却经常完不成。在我看来，制订学习计划是一种非常积极向上的心态，但完不成计划几乎是普遍的。如果因为制订了计划没有完成就指责他说话不算数，就是把优点当缺点来批评了。这样批评的结果可能是孩子连计划都不制订了，免得挨批，这才是真正的悲哀。

硬被家长施加的缺点

有些缺点是家长无理派给学生的。例如很多家长指责孩子学习不用功。我说你有什么理由这样说孩子？家长说，孩子都14岁了，晚上学不了一个小时，就要出去玩一会。我说："在你的印象中，孩子一次学多长时间你就感到满意了？"家长说："怎么也得学上两个小时吧！"我很无奈。从生理学的角度讲，一个14岁的孩子，每天的有效学习时间能够有8个小时，就已经非常不容易了。这个年龄的孩子有效注意力时间是30分钟，也就是说，他如果能集中精力学30分钟，就该有一段休整。这位家长却一厢情愿地要求孩子一次至少学习两个小时，这本身就违背客观规律，自然难以实现。

所以家长感到孩子有缺点时，还真要想一想这种感觉是否正确。如果真的是孩子有缺点，那就更不应该简单了事，脱口而出的批评只能加重孩子对家长的反感，从而使其在缺点的道路上越走越远。

让喋喋不休变成孩子能理解的爱

关键词：军训 相貌 异性 竞选 课余活动 阳刚 同性恋 懒惰 吃苦 说谎 早恋 磨蹭 手机 网瘾 追星 性 宅男 攀比 奇装异服 受欺

进入重点中学的孩子很自卑，怎样帮他重树信心

本来性格开朗的孩子，上了中学却变得少言寡语，整天闷闷不乐。不管大人怎么追问，孩子就是不肯说。他到底出了什么问题呢？

📽 情景再现

有位前来咨询的家长说："我们家孩子小学时学习挺好的，一直在班里排前几名，也很阳光。小升初没有考好，我们就花钱让他读了现在这所重点中学。上了中学，他的成绩却一落千丈，他自己也变得没有斗志，没有信心，不爱跟大人说话。每天放学后他回到自己房间，把门一关就不出来了。我是不是做错了什么？是我给孩子的压力太大了，还是他根本没有那个能力？当初是否就不该让他到这所学校来？"

有个农村孩子打来电话说："他们觉得我土，都不愿意跟我玩。他们老是讲有关游戏的事情，我没玩过，也听不懂，所以他们说话时我只能听着，什么也说不出来。我感觉很自卑，无法融入他们之中……"

我回答："农村的孩子可能确实没有城市的孩子见多识广，但农村孩子身上也有城市孩子不具备的优点，比如独立、坚强、吃苦耐劳、勤俭节约。而且对于农村的很多事情，城市的孩子也并不了解，如果你能用很生动的语言把它描述出来，让大家觉得既新奇又好玩，他们一定也很愿意听，没准你还能成为他们崇拜的偶像呢！"

"是吗，老师？那我试试吧。"这个孩子放下电话时的语气，听起来已经明显不像刚打电话时那么沮丧了。

✓ 关键点分析

孩子刚从小学升入中学，到了一个新环境，周围的同学都变了，老师的教学方法也跟以前不同了，这本身就是一个新的挑战。

（1）要从头开始适应新环境。小学和中学的教育、教学方式有很大不同，初中老师基本不会手把手教孩子；而高中老师跟初中老师相比又有不同，高中老师更愿意培养孩子的自学能力。依赖性强的孩子思维还停留在小学阶段，对全新的讲课方式难以接受，这就容易造成听课效率不高，成绩下滑。因为学习成绩突出考入了重点中学，本来是件好事，但如果不适应而被同学讥笑，就会自尊心受挫，无法融入新环境。

（2）要从头开始建立人际关系。几乎所有同学都要面临这个问题，这也是最容易产生不自信的因素。一个学生如果在学校没有几个要好的朋友，就会产生孤独感。这会让他变得越来越自卑，发展到极限就有可能出现退学现象。

重点中学的硬件、师资条件好，但竞争激烈，会给不适应的孩子带来沉重压力，尤其是花钱进重点学校的孩子，心理压力更大。

❓ 关键帮助

我们可以通过以下几方面来着手解决：

（1）改变孩子的心态。孩子的人生观、价值观还不稳定，因此看待事情的角度总会摇摆不定。这个时候他们需要大人的帮助，需要有人给予其信心！在孩子的热情马上就要熄灭时，在孩子看不到前进的路时，家长该出手时就得出手，及时点燃他们心中的火花，让孩子重新看到希望。

（2）建立良好的同学关系。现在的孩子大都是独生子，比较自我，不善于为他人着想。建议家长在入学前就告诉孩子怎么跟同学交往，怎么能交到好朋友。办法很多，但最重要的原则是真诚，最简单的做法是乐于助人。凡是在班级人缘好的孩子几乎都是自信满满的。

（3）帮助孩子尽快适应老师。这包括两方面：一是尽快与老师建立良好的关系，二是适应全新的教学方式。

中学的孩子都有了自己的判断力，对老师也不像小学时那么简单崇拜了，有的学生甚至开始对老师评头论足。现在有很多学生不是为自己学习、不是为家长学习，而是为老师学习：觉得这个老师好就好好学，觉得这个老师不好就不学。这样的孩子需要家长从中调节孩子与老师的关系，以转变孩子看待老师的角度。

对于以前成绩很好的同学来说，心态是调整的关键。一般调整好心态，成绩自然会上来。对于那些本来成绩一般、还非要花钱进入重点学校的做法，我是不赞同的。一个基础不好、对学习又没有兴趣的孩子，几乎没有从学习中得到过任何成就感，而家长还要让他挤进好学生堆里，这不是对他自信心的摧残又是什么呢？还是那句话：**做个最鲜艳的西红柿也不错，何必非让它成为苹果呢！**

2 孩子军训很苦很累，父母要不要去看望

"我们家孩子从来没有吃过那么多苦，气温那么高也不让休息，就在太阳下站着，孩子能受得了吗？一个宿舍里住几十个人，竟然还没有空调，孩子哪遭过这罪呀？"说着家长眼泪就流出来了。

也有家长说："孩子这两天军训，每天给我打电话抱怨军训太苦、教官太严厉，要求我给他请假回家。本来我觉得军训对孩子来说是件好事，可以锻炼一下他，可是他天天给我打电话磨我，我现在都不知道该怎么办好了。"

孩子军训，家长到底应该充当什么角色？到底要不要做援兵呢？

情景再现

曾经在网上看到一则新闻，讲述了一位家长看望军训中的孩子的故事：

9月17日是某学校学生开始军训的日子。在庞大的"亲友团"队伍中，一位提着四个大塑料袋、满脸是汗的中年男士引起了记者的注意。原来这位徐先生是来送儿子的，因儿子平时锻炼少，身体也不是太好，他和妻子担心儿子经受不了军训，所以特地带来了事先准备好

的各种营养保健品，以防"不测"。

"这些足有30斤重。"徐先生打开了四个塑料袋，两袋装有王老吉、夏桑菊等各式凉茶，一袋装有感冒冲剂、藿香正气水、整肠丸、红花油、创可贴等药物，另一袋则装满了牛奶、蛋白粉等营养品。

✓ 关键点分析

看到父母如此"疼爱"孩子，我在感动之余更多的还是担心。在这样娇惯溺爱下成长起来的孩子，别说将来走入社会能否承受生活和工作带来的压力，就是学习中遇到的困难恐怕也会无力承受。为什么经常在"金战热线"中听到家长说孩子最近不想上学了？因为学习压力太大，因为跟同学关系不好，因为跟老师闹矛盾……为什么孩子每次一遇到问题首先想到的是退学，而不是面对问题、解决问题？这些跟平时家长的"娇惯"难道没有关系吗？

本来军训的目的就是强身健体、磨炼意志，让那些平时在家娇生惯养的孩子学会适应恶劣的环境，增强他们克服困难的意志力，所以硬件设施当然不必完备，教官也不必像家长一样耐心，训练自然也不必像隔靴搔痒一样轻柔。而恰恰是这些让很多家长难以忍受，他们不忍心看到孩子吃那么多苦。如果家长为了让孩子少吃苦而提前或中途做足了本该孩子自己做的工作，那就恰恰让孩子错失了一次难得的锻炼机会。

? 关键帮助

父母如果想去看望孩子，最好在去之前做好功课。看到孩子吃苦的样子，是要跟着孩子一起哭一场，还是感叹孩子了不起、有毅力？家长要先想好自己到底能不能忍受看着孩子吃苦的场面，会不会出现孩子还没有退缩家长先提议退出的情况？如果家长控制不了自己的情绪，那还是不去为好。

其实很多家长想去看望孩子，只是为了满足自己"担心"的心理需求，"我去看他一眼就放心了"，但这种行为对孩子是否有帮助呢？

我每次在学生军训前的动员会上都会强调，这次军训说白了就是花钱买罪受，买苦吃，所以谁要是苦不到一定程度，就失去了这次军训的意义。这样一讲，学生反而能坦然面对困难和吃苦了。所以，军训之前家长和教师的引导很重要。

孩子因相貌不佳而自我封闭，怎样使他不再自卑

🎬 **情景再现**

江苏的一位母亲打电话，诉说了她女儿的烦恼。

女儿今年16岁，刚上高一。女儿是在老家的农村读的初中，后来考进了市里的高中。一个月过去了，周末回家的时候，女儿哭着说，新同学对她很是冷落，因为班上很多同学嫌她丑，不跟她玩，老师也将唱歌、跳舞等表现的机会交给漂亮的同学。女儿还埋怨母亲，因为家境不富裕，很少打扮女儿，更是让周围同学看不起她。

关键点分析

长相有缺陷的孩子有自卑感，常常是由于其对自我认识不足、片面夸大某一弱点、全盘否定自己造成的。尤其是性格内向的孩子，更习惯于反省自己，总是拿自己的弱点与别人的长处比，在认识自己的时候，更倾向于接受消极的、对自己不利的暗示。这样时间长了就形成了强烈的自卑感，进而导致忧郁、悲观、孤僻等一些消极心态。

其实相貌长得美丑并不是关键，关键在于自身的心态。哪个家长不希望自己有个漂亮的孩子呢？当孩子的确有不尽如人意的外表时，当他在学校受到同学的歧视、老师的冷漠时，家长应该如何去应对呢？

关键帮助

家长可以从以下几方面入手：

（1）经常鼓励、肯定孩子，给孩子自信。帮孩子寻找其自己的优势，如果能发展一两项特长就更好了。这样不但可以使孩子更自信，同时也可以分散孩子的注意力，而不是总关注自己的外表。比如，孩子脸上有胎记，但心地很善良，脑子很聪明，还有健康的体魄——这些就是财富，是使她走向成功的资本。

（2）告诉孩子，相貌仅仅是第一印象。待人接物中，刚开始，或者说第一次与人接触时，一般先看这个人的相貌和气质，这是人的本能，因为其他的还暂时看不到。但是"日久见人心"，时间长了，这个人的脾气、性格、品行基本上就暴露无遗了，好与不好，一目了然。教育孩子不要做"空有一副好皮囊，其实肚内草莽"的人，而是应珍惜所拥有的，乐观地去生活与学习。

（3）让孩子明白，比相貌更重要的是内在的品行。一个人美丽，心态积极、平和，会有一种吸引人的魅力；一个人相貌平平，性格温和、乐观，会有一种和气、善良的气质；一个人漂亮，但处事自私狭隘，则会变得狰狞、孤独。况且美貌也会随着岁月流逝而褪色，难以青春永驻，而气质却可以由自己来塑造，这是人的灵魂和核心所在，它比相貌的美更宝贵，更时尚，更有社会价值。所以，不必为了自己的长相不好而发愁，只要提高文化修养，培养自己良好的性格、品行，照样会是一个非常美丽的人。

孩子不愿接触异性同学，怎样帮他克服心理障碍

情景再现

有男生这样说："老师，我心里很矛盾，我不知怎样和女生相处。我总觉得同桌在看我，我就特别不自在。我也变得害怕和她说话，从不主动跟她交流。"

有女生这样说："老师，我有一个问题憋在心里很久了，很难受。我和他同桌，最近我总不能专心听课，因为我总怕他看我，心里很不安，但也许他根本就没看我。"

✓ 关键点分析

男孩害怕接触女孩，女孩看到男孩就紧张，这种现象在青春期比较多见。青春期的男女生相互之间的感觉由平常到好奇，随之产生好感、会害羞，这是几乎任何一个青春期学生都有过的心理，所以应该正视它。

其实不管是脸红还是不敢说话，真正反映出来的是孩子的内心世界。这说明孩子内心已经开始朦朦胧胧有些想法了，但可能是之前的教育使他觉得自己这样想是错误的、不应该的，为了保证自己还在好人的队列里，他们只能强迫自己不去想，但是又忍不住不想，所以开始谴责自己，正是这样反复的矛盾心理使他们害怕。

当然也不排除另一种情况：男孩很想让女孩注意自己，就想表现自己，但是越想表现，却表现越差，结果不自然、脸红、心跳、不会说话就都跟着来了。

这样的情况一般都是性格内向孩子的"专利"，对外向的同学而言，这种现象比较少。性格内向的同学不善言谈，但其实他们的内心对异性也充满了爱慕之情。他们过于看重对方的反应，加上害怕遭到拒绝，所以越想就越感到紧张。他们经常假设情境，并在这种假想的情境中遭受拒绝；或担心别人窥探到了自己的内心世界。所以在现实生活中，他们尽量避免与他人接触，这种情况其实是对交往的畏惧。

? 关键帮助

回避就是想要，害怕是因为矛盾。要帮孩子打破这种矛盾，让心里藏着的"小老鼠"跑出来。当他发现"老鼠"是可以满地跑的时候，他的焦虑就消失了。

（1）鼓励孩子说出心里的秘密。家长要允许孩子想，因为孩子到了这个年龄，生理发育是不以人的意志为转移的。对待这样的孩子，疏比堵的效果更好。家长要让孩子知道，喜欢一个人没有错，如果时间恰当就更好了。

（2）告诉孩子，跟异性同学交往要坦诚率真。真诚是建立和发展良好异性关系的前提和基础。中学生要想拥有真正的异性好友，在交往过程中就要做到坦荡无私、以诚相待、相互信任。

（3）告诉孩子，男女生交往在言谈举止中要留有余地。处于这个时期的孩子，对一些话题比较敏感，比如性、长相等。在交往中，男女同学在谈话内容上要避免纠缠那些不良情绪和行为，同时也要避免过多地单独相处，在交友范围上也不要做过多的限制。

孩子想竞选班干部，家长该不该支持

孩子上中学了，是否应该当班干部？会不会影响学习？孩子想当班干部却不敢行动怎么办？孩子已经当了班干部，因为能力问题不能胜任，又该怎么办呢？

情景再现

我在一所中学当教导主任的时候，我带的班上有个女生做事特别认真，做人也非常踏实，就是特别腼腆，总是羞于表达。新学期开始时，要选举校学生会干部。看她很想参加，但又没有足够的信心，一副犹豫不决的样子，我就去鼓励她说："我已经帮你报名了，你就好好准备吧，把演说词写得好一些，相信自己，肯定能行。"

当然仅仅靠心态调整还不能完全解决问题。按照她的表达能力，想进入学生会根本不可能，但是我看到她难能可贵的奉献精神，于是我在评选学生会副主席的条件上加了一项：乐于助人、善于为他人着想、愿意为集体奉献者，可由全体同学共同推选而不必参加答辩，结果大家一致推选她当这个副主席。从那以后，她更加负责，把学校的事情完全当成自己的事情，因为成绩不够优秀，她变得特别努力。后来她的成绩果然有了飞跃性的提高，在班里名列前茅，人也变得自信多了，表达也自如多了。

✓ 关键点分析

有的时候，失败与成功只有一步之遥，一件事可以改变一个人。

学习知识是每个学生都要经历的，但是当班干部得到的锻炼却不是每个学生都有机会获得的，所以鼓励孩子当班干部是正确的选择。

❓ 关键帮助

每个孩子都有积极向上的追求，只是有时候因为害怕、不自信，迟迟不敢把想法变成行动。当孩子本身具备相关的素质却因为不自信而畏缩不前时，就需要家长给孩子以适当鼓励。家长可以从以下几方面入手：

（1）帮助孩子树立自信。及时地鼓励、帮助孩子发现自身具有的别人不具备的优点，提升孩子的自信。

（2）积极地帮助孩子想办法。比如可以在家里模拟竞选演说，帮孩子查缺补漏，完善准备工作，提高孩子做事的成功率。

（3）帮孩子一起做好失败的准备。万一不成功，孩子也不会太失落。不成功就是一次竞选锻炼；成功了，后面还有很多锻炼在等着他。

有了以上保证，孩子成功的几率会大大增加，勇敢面对困难的信心也会增强。

孩子参加学校的课余活动很活跃，会影响学习吗

总有家长担心课余活动会占用孩子的学习时间，会影响孩子的学习成绩。他们认为孩子目前的主要任务是把学习搞好，考上好的大学，其他能力可以在大学或工作后逐渐锻炼。因此父母和子女间时常为类似的事情发生争执。

情景再现

北京某区重点中学一名高三女生几次打来咨询电话，诉说自己的委屈和对父母"霸道行径"的不满。

女孩现在是校学生会主席，组织协调能力很强，而且多才多艺，歌舞、节目主持等方面表现得非常出色。

母女间的冲突从高三前的暑假开始。整个暑假，很多高三学生都在赶场准备功课，女儿却忙着搞什么社会调查，参加一系列国庆活

动。开学后,孩子依然对学生会工作乐此不疲,看到这种状况家长有些熬不住了。人的精力毕竟是有限的,家长认为学生会工作和一些社会活动占据了孩子太多时间。面临高考,如果继续做学生会主席,家长担心孩子会过于分散精力,如果因此影响了高考成绩,真是得不偿失。于是父母和孩子商量,希望她辞掉学生会主席职务。可孩子自信心很足,认为自己完全有能力处理好学生会工作和学习的关系,坚决不听从父母的建议。父母和女儿谁都不肯妥协。

✓ 关键点分析

社会活动当然会占用学生一定时间,但并不等于说就一定会影响孩子的学习。实际上,即使不参与任何活动,孩子也不可能把所有的时间都放在学习上,除了学习之外,他们需要休息,需要娱乐,需要交友,需要搞怪、开玩笑,需要看着窗外发呆,所有这些行为组合在一起,才能成为我们看到的健康、真实的孩子。既然这些都不会影响孩子学习,做家长的为什么一定要认定参与社会工作会影响学习呢?只要孩子能处理得好,一定的社会工作完全可以成为孩子学习之余的一种调剂,甚至可以促进其学习成绩的提高。

? 关键帮助

家长担心孩子参与社会工作影响学习,想让孩子辞职,这种想法可以理解。找孩子商量这件事,也没有问题。但是当孩子有信心做到工作、学习两不误时,家长一味地坚持己见、强迫孩子接受自己的主张,这就有些不合适了。高中的孩子已经有了独立的思想,对自己的能力也有比较清楚的认识,孩子认为自己有能力兼顾工作和学习,这是她自信的表现,家长应该为此感到欣慰。

当然，孩子毕竟缺少社会生活经验，有时可能出现对自己认识不清、判断失误的情况，这就要求家长多观察孩子，多与孩子交流，从孩子的言谈举止间感受其细微变化。如果实在担心孩子的学业成绩，可以与孩子平等协商，订立一个阶段性的学习目标，约定如果孩子能够轻松达成学习目标，父母就不干预孩子的工作；如果在实现目标的过程中遇到了问题，孩子就要自觉减少工作量或放弃一些社会活动，以保证学业的顺利进行。同时，家长要督促孩子注意劳逸结合，提高工作、学习效率。每个孩子对未来都满怀憧憬，他们很清楚高考对自己意味着什么。相信孩子会接受这样一个通情达理的协议。

男孩子一身女孩气，怎样让他更具阳刚之气

情景再现

我在接听"金战热线"的时候发现一种现象：打电话来求助的80%都是孩子的母亲。这使我联想到，在教育子女这个问题上，父亲角色的缺失是导致很多家庭教育出现问题的原因之一。

当前这个时代，明显有很多父亲不重视家庭教育。当然这跟社会大环境有关，因为男士承担了更重的家庭责任、社会责任，他们工作太忙太累，几乎没有时间和精力管孩子。但也有相当一部分父亲是不想管，认为教育孩子就应该是母亲的责任。当然还有一个特殊情况就

是单亲家庭。

这就导致现在社会上出现了一种现象：很多男孩越来越像女孩，不但穿着打扮像女孩，更有甚者连声音都像女孩。这让很多家长担心，孩子会变得男不男、女不女的。

✓ 关键点分析

如今的独生子女，在家长的过分呵护下，大多是温室中的花朵，经不起风雨，再加上从幼儿园、小学、初中到高中，教育者以女性居多，正是这样一种成长环境，使现在的孩子普遍缺少阳刚之气。

有研究表明，父亲和母亲在孩子人格形成的过程中起到了不可替代的作用。缺少父爱，孩子就会变得胆小、懦弱、自卑、优柔寡断、抗压能力差等；而缺少母爱，孩子会缺少安全感，变得孤僻、冷漠、缺乏爱心等。

天津市教科院一项历时10多年的亲子关系调查发现，男性家长在家庭教育中发挥作用的主观能动性较差：经常参加家长会的中小学生家长中，父亲的比例不到30%；65%的家庭每天接送孩子的任务主要由母亲承担；只有20%左右的中小学生表示，父亲会经常在学习上给予指导和帮助。为此专家呼吁，父亲要多在孩子的教育问题上费点心、尽点力，与母亲的教育形成互补。

调查数据显示：父母教养态度最差等级中，严厉型父亲占12.9%，而严厉型母亲达26.2%；只有22.6%的父亲较多干涉孩子的个人事务，而母亲在这方面的比例高达50.8%。

这表明在教育态度、方式等方面，母亲比父亲更严厉。越是严厉的管理，越容易使孩子丧失思考、判断和决策的能力，因为一切都由家长安排好了，自己只要听命就行了，失去了这些能力的孩子必然变得犹豫、依赖性强，这正是孩子缺乏阳刚之气的根源所在。

❓ 关键帮助

阳刚不能单纯理解为像男性一样，而应该是男性所具备的优秀性格和品质，如自信、勇敢、果断、大方、关爱等，这些都是在激烈的社会竞争中生存所必不可少的。竞争不分性别，因此，不仅是男孩，女孩同样应具备一些阳刚之气。一个人的阳刚之气，不可能与生俱来，多是靠后天"修得"的。因此，家长要给孩子充分的精神空间，为其修得阳刚之气提供"养分"。

（1）不要排斥孩子的个性发挥。现在有些家长，常要求孩子按照自己的意愿去行事，而不考虑孩子的想法。结果，孩子的个性得不到张扬，棱角被磨平，逐渐成为一个没有锋芒、缺少主见、唯命是从的呆板者。

（2）避免用语言、行动证明孩子的失败。现在的独生子女心理素质差，受挫能力普遍较低，这就要求家长帮助孩子树立坚强的意志，培养他们敢于直面逆境的信心与毅力。要将孩子推上风口浪尖，让其经风雨历磨难，这对孩子克服软弱、形成刚毅的性格大有帮助。当孩子试着做一件事而没有成功时，家长应避免用语言、行动向他们证明他们的失败。做一件事失败了，并不意味着孩子无能，只是说明他还没有掌握技巧而已。一旦掌握技巧，他就能把事情做好。

（3）由夫妻双方共同负责孩子的教育。有人比喻说：在孩子的心目中，母亲是水，父亲是山，山水相依，缺一不可。因此，在孩子的教育过程中，父母要扮演不同的角色，担负不同的责任。小的时候孩子需要细心的照料，妈妈的角色很重要；而当孩子长大了，尤其是上了中学，爸爸的重要性就会凸显出来，这时的孩子更多的是需要一个能够征服他、让他崇拜且可以共同探讨人生的伙伴。

男性具备果断、独立、自信、敢于冒险等品质，这些也正是我们所说的阳刚之气。孩子身上的这些品质是要从父亲身上吸取的，所以父亲一定要认识到自己在家庭教育中的重要性，尽量多抽时间与孩子沟通，尤其是带孩子进行户外运动，更容易培养孩子勇敢、坚毅的性格。多陪孩子做一些男性比较喜欢的活动，比如下棋。常常和孩子一起下跳棋、军棋、象棋、围棋，可以培养孩子的逻辑思维能力。

母亲要注意，孩子的事情尽量让孩子自己做主、独立处理，不要总是包办代替；不要对孩子过分溺爱，让孩子学会在失败中成长；对孩子的冒险行为要给予适当鼓励，不要怕孩子失败或受伤。

单亲家庭要注意，不要把自己对对方的憎恨强加给孩子，要让孩子感觉到即使父母分开了，谁也不会减少对他的爱，只有这样才能收获一个健康快乐的好孩子。

要让孩子具备人格魅力和阳刚之气，只有让孩子从父母紧护的双翼下走出来，给其宽松的发展空间，让其个性得到充分的发挥，孩子的健全人格才会张扬开来。

孩子有点同性恋倾向，家长应该怎么办

有关调查数据显示，中国同性恋人群比例只占3%～4%，很多学生是受人际关系和心理因素的影响才改变性取向的。只要正确引导，或是通过心理治疗，一般是可以矫正过来的。

情景再现

晓萧是一名学习成绩优异的中学生。晓萧从小在农村长大,由于家族中重男轻女,加上整日目睹母亲作为女性的辛苦,晓萧从小时候就希望自己成为男生,认为只有男生才能在生活中成为强者、受人重视。因此晓萧越来越倾向于男性化打扮,并且也接触了一些同性恋书籍和网站。

上中学以后,晓萧的性格和外貌引起了同年级一位女生露露的注意,渐渐地两人有了接触,并成为好朋友。在和露露的接触中,晓萧了解到露露的父母离异,而且都出国了,露露长年跟着奶奶生活。

在露露述说自己不幸的经历后,晓萧对露露产生了怜悯之心,她想给予露露更多的关怀,这样两人的关系也越走越密切,经常同床而睡。

渐渐地,晓萧的母亲开始觉得怪异:露露生病了,女儿着急帮她买药,甚至有时候还会帮露露系鞋带。但对于母亲的质疑,女儿却认为"我们这样没什么,我只是想帮她"。不过敏感的母亲还是及时带着晓萧找到了心理专家。经过专家两年不间断的心理辅导,晓萧才真正摆脱了这段不平凡的情感经历。

关键点分析

同性之间的互相依恋,与真正意义上的同性恋是两个截然不同的概念。

青春期少年渴望友谊,渴望找到理解自己、无话不谈的同学成为亲密无间的好朋友,这是孩子们的正常心理需求。

同时,这个时期的孩子又正处在异性排斥阶段。他们喜欢跟同性朋友交往,而讨厌或"瞧不起"异性,总觉得他们身上存在这样或那样的缺点。所以，他们的亲密朋友大多都是可以互相理解的同性别的同龄人。

这些都是这个时期孩子正常的心理现象，家长不必过于敏感。

判断孩子是否是同性恋，关键是性别认同和有无性行为。心理学上有假性同性恋的说法，是指"一些孩子虽然与同性别的孩子交往亲密，但他们认同自己的性别，且没有过激的性行为"。如果是这种情况，只要引导及时、正确，孩子是完全可以改变的。家长不必过于担心。

❓ 关键帮助

万一家长发现孩子确实是同性恋，而不仅仅是一种"倾向"，那又该怎么办呢？

（1）主动强化孩子的性别意识。家长平时要多注意强化孩子的性别意识，父亲要在孩子面前表现得阳刚、果断、宽容，而母亲在孩子面前就要温柔体贴，尽量不要把工作中的女强人形象带回家，让孩子可以从父母身上感受到鲜明的性别特征。

（2）用合适的方式讲解生理知识。寻找适当的机会和方式给孩子讲讲青春期生理知识，或者作为礼物送给孩子一本这方面的书，尽量选择生动有趣、浅显易懂的书。不要为了避免孩子早恋而刻意把异性描述得多么可怕来吓唬孩子，一旦孩子内心对异性产生恐惧和厌恶，再想改变就很难了。

（3）避免让孩子有情感缺失。对于那些父母中的一方长期在外的家庭来说，要注意保持与孩子的定期来往，因为情感的缺失也是导致同性恋的主要因素之一。据有关专家统计：在出现同性恋倾向的孩子中，有30%～40%属于离异家庭或孩子情感缺失。

9 孩子很懒惰，怎样培养他的生活自理能力

好习惯是从小养成的，孩子今天的懒惰是由于昨天没有培养他的勤劳品性造成的。

情景再现

一位姓高的女士打电话，询问孩子非常懒惰怎么办：

儿子今年17岁，上高二。高女士觉得儿子上学很辛苦，能把学习搞好就很不错了，因此常对儿子说："你只要把学上好就可以了，其他的事都不用管。"于是，高女士包办了所有的家务活，儿子每天只是学习，连自己的被子也不叠，换洗的衣服都要母亲给他找好放在床头。有一天，高女士生病在床，要儿子帮忙拖一下地板，结果儿子说，等你病好了再拖地吧。为此，高女士非常伤心，对于儿子的懒惰很是苦恼。

关键点分析

很多家长都有类似的想法：孩子太小，做不了，等孩子长大点

再说吧。于是所有的事情家长都包办了,包括吃什么、穿什么、书包里装什么书、文具盒里放几支笔……看到这,有的家长可能会说:我也不想包办,但是他不干啊!我要不替他想着,不给他装好,他就得忘,老师就得批评他。

这是家长无原则、无底线造成的。该要求的不坚持、不该要求的瞎唠叨,是这类家长的典型表现。孩子发现自己不管自然有人管,自己不做自然有人做;忘了没关系,有爸妈想着呢。不管孩子懒成什么样,家长永远有耐心。对孩子来说,最坏的情况也不过是父母一边唠叨一边替自己做事而已,只要能忍受唠叨就可以什么都不做。

其实最让家长寒心的可能不是孩子不做事,而是不懂得体谅父母。无论父母为他们做多少,他们始终觉得是应该的,孩子缺乏感恩的心,从来没有想过替父母分担一点。而这些又是谁造成的呢?当然也是家长!无论是孩子的行为习惯还是思维习惯,都是需要培养的。

关键帮助

说到这里,我想家长应该已经知道该怎么做了:

(1)不要凡事包办,要培养孩子的独立自理能力。孩子的事情让孩子自己做,家里的事情也让孩子多参与,帮家长做力所能及的家务,培养孩子对家的责任感。

(2)坚持原则,不刻意避免孩子犯错。让孩子在错误中成长,通过体验结果感受拖拉、丢三落四、没有责任心等给自己带来的麻烦。

(3)言传不如身教。通过榜样的力量教孩子学会感恩父母、感恩老师及身边的每一个人。

10 孩子娇生惯养怕吃苦，怎样培养他的吃苦精神

吃苦分学习中的苦和生活中的苦。有些孩子在考试中一遇到难题就想绕着走，作业稍微有点难度就不想写了。成绩下降了，首先想到的是放弃。这些都是怕吃苦的表现。有些孩子在生活中遇到一点挫折就怨天尤人，不思进取，唯一想到的办法就是逃避，这也是怕吃苦的表现。

🎬 情景再现

某大学开学，新生报到后，召开第一次家长会。校长还没讲话，有一个母亲就在台下哭得泣不成声了。校长见状赶紧安慰说："不要哭，有什么困难学校会帮忙解决的。"这位母亲一边抽泣一边说："我的孩子从小就生活在有空调的房子里，从我怀孕到他上大学前，他的房间里都是有空调的。可是刚才我去他的宿舍看了，他的宿舍竟然没有空调！拜托学校赶紧给孩子换一个带空调的房间吧，否则孩子就退学。"

现在的孩子已经如此金贵！造成今天这种孩子娇嫩、怕吃苦的情况，应该说家长是"功不可没"的。只要家长不娇惯孩子，孩子自然会慢慢变得独立，关键是家长要"狠得下这份心"。

11
孩子考上寄宿制学校却不愿意住校，怎么办

寄宿制学校新学期开始的时候，总有一些孩子，特别是女孩子不愿住校。有的是因身体状况不适宜住宿，而相当多的孩子则有更深层次的心理原因。如果不及时发现并加以引导，而是迁就他们，简单同意他们不住校，或者强迫他们住校，都可能掩盖孩子心理上存在的问题，对孩子今后的成长造成不利影响。

情景再现

一位母亲打电话求助，问孩子不想住校怎么办。

女儿今年上高一，由于学校离家太远，坐汽车要一个小时，所以只能选择住校。刚开学时，女儿心情不错，因为考上的是重点高中，而且第一次住校，女儿觉得很是新奇。可没想到，才开学一个多月，女儿就打电话吵着要回家，并且再也不想住校了，因为她从小习惯了一个人睡一间屋，跟六七个陌生的同学住在一起，让她很不自在，晚上同学聊天也影响她休息。

✓ 关键点分析

孩子不愿意住校,表面上是个简单问题,其实反映出了孩子成长中的一些心理问题,所以应该从更深层面看待这个事情。

进入青春期的孩子,特别是女孩子,在自己不熟悉的人和环境面前,甚至在同班同学、老师面前也常常表现出紧张、拘束、不自然的神态,这就是我们通常讲的腼腆、怯场。这种心理又会导致孩子怕见人、回避人多的场合、喜欢独处等行为,这样的孩子自然也就不愿意过集体生活。

除了青春期心理这个因素外,造成不合群的原因还有以下几个:

(1)性格内向,过于敏感。一般来说,孩子进入青春期后,自我意识会增强,特别注重别人对自己的评价。而过于敏感的孩子常常担心被人否定,他们总感觉自己的一举一动都在别人的放大镜下,时时刻刻要接受别人的审视。在大庭广众之下和陌生环境中尤其如此,因此他们常常显得紧张、拘束而且手足无措。

(2)自卑感强。自卑感的核心是"我不如人",有这种念头作怪就会使孩子对自己缺乏信心,总觉得自己低人一头。

(3)自闭的心理倾向。担心自己身体的秘密或者内心的秘密被别人知道,避免跟别人生活在一起。

(4)生活自理能力差。上高中以前一直没有离开过父母,所有生活问题都由父母包办,导致生活自理能力差,不会处理个人生活问题,不会处理人际关系。

(5)家庭环境影响。家庭跟外界交往少,比较封闭。父母朋友少,社交面狭窄。

(6)缺乏锻炼。这样的孩子一遇到生疏环境或是没有经历过的场合,就会表现得很紧张。

关键帮助

不合群、不能融入集体生活，会使孩子不能正确地认识自己和发挥自己的潜能，也影响孩子与其他人融洽相处。这是一种消极的状态，家长应该采取积极方法，逐步改变孩子。

（1）要引导孩子正确认识自己，树立自信心；鼓励孩子在各种社交场合顺其自然地表现自己，不要总是考虑别人会怎样看自己、如何迎合他人；要让孩子懂得，他在别人心目中的形象并不差，而别人也不是十全十美的。

（2）要多为孩子创造交往的机会，鼓励孩子勇于和别人交往，并有意培养交友的能力；引导孩子多与性格开朗、外向的朋友来往，可以有意识地学习他们待人接物的举止、风度。

（3）要让孩子懂得，他总要离开家，迟早要独立生活。进入寄宿制学校是成长的重要一步，是锻炼、培养自立能力的重要机会。

孩子习惯性说谎，家长怎么办

情景再现

有一次一位妈妈打来电话，神神秘秘又有点羞于启齿，绕了大半天终于说："我没想到，我们家孩子现在发展到偷家里的钱了。"

我询问来由，于是她接着说："我前两天放在包里的一张1000元的购物卡不知道怎么没了，我还奇怪，问我儿子，他说不知道。昨天明明放在包里2000元钱，可到用时发现就剩1000了。我恍惚记得儿子进过我的房间，出来时神态还有些紧张，就去问他。开始的时候他还不承认，后来我说：'如果你拿了也没关系，但如果不是你拿的，我就报警了。'他这才承认是他拿的，而且说出前两天那个购物卡也是他拿的。问他干什么要那么多钱，他说是跟同学借了好多钱，还不上了。"

我问："那他拿钱做什么了呢？"

"上网、请同学吃吃喝喝、买衣服，也不知道怎么就花了那么多钱！"家长说这些的时候是又气愤、又失望、又无奈。

✓ 关键点分析

发现孩子说谎，家长都会先吃惊后失望，然后是不知所措。如果家长能追根溯源地想一想，这样的情况是从什么时候开始的、是什么导致孩子说谎的，就知道自己该怎么办了。

其实不管是什么原因导致孩子说谎，孩子说谎的目的是一致的，就是为了逃避，可能是为了逃避惩罚，也可能是为了逃避争论。

孩子想做一件事，但知道家长不会同意，因此，为了达到自己的目的同时还不会受到惩罚，说谎就成为他们想到的唯一办法。孩子不想做一件事，而家长非要他做这件事，这时孩子为了不做这件事，又不跟家长发生正面冲突，唯一的办法也是说谎。

还有一些时候，如果某个孩子有说谎的坏毛病，往往是他的成长环境出了问题。也许是家长为了应酬别人在不经意间扮演了孩子说谎的榜样，也许是在孩子还很小的时候家长总是说话不算数，也许是家长对孩子的要求过于严格，严格到让孩子无法做到，而只能通过说谎来暂时躲过家长的责备。

所以，家长不要把孩子说谎看成天大的坏事，而更多的是要思考问题的根源在哪里，找到诱因也就找到了解决办法。

关键帮助

对那些已经开始撒谎甚至已经习惯撒谎的孩子，家长可以从以下两方面入手。首先，给孩子创造一个良好的家庭氛围，尽量不在孩子面前说一些伪善修饰的话，对孩子必须坦诚。其次，对孩子尤其是已经上了中学的孩子，很多事情让他自己做主。如果不用逃避家长的苛求和责骂，孩子自然也就不用说谎了。

13 孩子做事磨蹭拖拉，怎样改变这种状态

孩子做事拖拉的现象可以说普遍存在。

情景再现

有一次，一个初一的孩子被母亲带过来，找我咨询。主要问题就是孩子作业总是写到很晚，每天11点多才能睡觉。一个初一的孩子作业量这么大，我听了都有点心疼。但孩子的妈妈说并不是因为量大，而是因为孩子效率太低，总是磨磨蹭蹭的，就是不能专心、一气呵成。

我跟孩子聊天，孩子说刚开始的时候自己写作业的速度是很快

的。每次写完作业满怀期待地拿给妈妈看时,妈妈不但不表扬他做得好,也不给他玩的时间,相反却给他布置了更多的课外习题。孩子很苦恼,忍不住跟同学倾诉,于是同学教给他一个好办法:"磨蹭、拖延时间。与其在有限的时间内做一大堆课外题,不如慢慢写作业,抽空再偷看两眼电视,喝点水,发发呆,到了睡觉时间就不会让你做别的题了吧。"

说实话,第一次听孩子亲口说出这个原因的时候,我都很吃惊,小小的孩子竟然能想到这样的办法来逃避"额外劳动"。

后来我就这些情况跟家长进行了沟通,家长在无奈之下终于接受我的建议做出了改变:每天除了作业不再给孩子留额外的练习,只要孩子能保质保量地把作业完成,家长就给予及时的肯定和表扬,而且剩余的时间留给孩子自己支配。除了规定上网和看电视的时间不能超过半小时,孩子可以出去跟同学玩,也可以在家看书,或报一些自己喜欢的课外班,如游泳、跆拳道等。孩子的业余生活充实了,写作业也就不再拖拉了,因为后面有一大堆他喜欢的事在等着他,再磨蹭就要浪费自己的时间了。

还有一次,一个高二的学生家长对我说:"孩子有很多习惯都不好。就拿早晨起床这件事来说吧,每天掐着点上学,总是迟到那么几分钟。早5分钟起床就不会迟到,可他就是不听我们的。"

我先让家长出去,问孩子:"早晨为什么不按时起床呢?"

孩子说:"我一起来,他们就唠唠叨叨让我吃饭,嘱咐我干这干那,烦!为了不听他们唠叨,我就等他们都走了再起床。他们每天一走我就起床了,时间刚好差一点,我也没办法。"

"那他们要是不唠叨,你愿意早起5分钟吗?"

"他们根本做不到!"

"我来帮你解决这个问题。如果这个问题解决了,你就不迟到了，对吗？"

"对！"

然后我把孩子的父母叫进来，跟他们共同商量，怎样表达更容易让孩子接受。为了让孩子早起，家长决定提前20分钟上班。晚上各自在自己的房间工作、学习，互不干涉。接下来的一周，家长果然做到提前上班，而孩子也不再迟到了。

✓ 关键点分析

拖拉、懒惰、不起床，看似简单的问题，其实背后都有深层次的原因，像上面的例子一样，有的孩子是因为客观原因养成了拖拉的习惯，而有的孩子则是因为不喜欢、因为排斥而不自觉地变得拖拉。针对不同的原因，家长应该采取不同的策略。

? 关键帮助

（1）排除客观原因。如果孩子原来动作挺快的，不知从哪一天开始变得越来越磨蹭了；如果孩子在其他方面都很好，唯独做这件事时拖拖拉拉，这些情况应该就是某种客观原因在作怪，家长只要找到问题的症结对症下药，一定药到病除。

（2）因为没有兴趣而逃避。此时，除了要激发孩子的兴趣外，还要建立孩子的责任感。**家长的肯定和鼓励可以成为孩子认真做作业的动力。如果孩子写完作业，老师不批、家长不看，写了跟没写一样，哪个孩子还能坚持去写呢？**除了兴趣、成就感，还要树立孩子的责任感，孩子需要完成作业就像家长需要完成工作一样，是任务，是必须完成的，不完成就要承担相应的后果。

（3）性格的原因。孩子天生慢性子，简单的鼓励、打骂都是无效的，那就只能从生活中的点滴做起，逐渐培养起生活的好习惯，再迁移到学习中来。对这样的孩子，需要家长先做出榜样，如果家长在平时做事时都表现出积极、干练的风格，孩子自然也就慢慢学会了。

14 孩子闹着要手机，配手机会不会影响他学习

情景再现

有个家长跟我说："前段时间孩子总闹着要手机，说同学都有，就他没有。没办法，给他买了一个。结果经常看见他写作业的时候偷偷摆弄手机，学习成绩也下降了，我愁得不行。正好前天孩子手机丢了，让我再给他买一个，我是无论如何也不能再给他买了。可是他就闹着说不去上学了，这可咋办？"

金战网上曾经做过一个调查：中学生用手机，好还是不好？

投票分为正反两方：正方——手机是时代的产物，是现代社会的标志，中学生也不能落伍，中学生用手机好。投此票人数占总数的37.5%。反方——中学生使用手机没有节制，不会合理使用，会影响学习，中学生用手机不好。投此票人数占总数的62.5%。

✓ 关键点分析

正如网络一样,手机也是时代的产物,是人类文明进步的象征。家长会想:这么先进的东西不让孩子使用,未免有点可惜。更重要的是别的孩子都有,我们的孩子没有,他会不会因此感到自卑?而且要跟孩子随时保持联系,没有手机也不方便呀。

其实孩子要手机无非就是两个目的:第一,满足自己的虚荣心,不能落后于人;第二,方便跟同学联系。但往往一用上,就控制不了自己,上课、写作业甚至该睡觉的时候还在发短信、玩游戏。因为手机影响了学习,这是让家长无法忍受的。

对此,有个聪明的家长想出了下面的办法。

孩子要求买手机,他不说买还是不买,而是拿出一张纸递给孩子说:"儿子,爸爸不反对你买手机,但是做任何事情前,我们都要先考虑好利弊。你把用手机的好处写在这张纸的正面,然后再把用手机的坏处写在这张纸的背面。如果好处比坏处多,我们就买。"

孩子写得很认真,写完后交给爸爸看。爸爸看了说:"你写的还不全面,爸爸再帮你补充一下。"然后爸爸也在那张纸上写下了自己的意见。写完后父子俩一起讨论,好处和坏处的数量基本差不多,那就要看看好处有多重要,坏处是否能避免。于是孩子信誓旦旦地写下了避免坏处的办法,并保证万一没有做到,爸爸可以收回手机。

其实做到这一步,已经不是一个简单的是否该买手机的问题了。通过这个过程可以培养孩子很多好的习惯,比如:遇事要先思考,权衡利弊再做决定;自己做的决定就要自己承担后果。不管最终是否买手机,孩子都会感觉自己的要求得到了家长的尊重,会感觉爸爸是民主的,并且对他是足够信任的。这样培养出来的孩子一定善于独立思考、不盲从并能勇于承担后果。

❓ 关键帮助

孩子使用手机，几乎是百分之百地影响学习效率。所以如果可能，还是建议孩子不要用手机。但前提是孩子肯主动交出来，这就看家长的教育艺术了。

如果家长可以做孩子最好的朋友，如果可以实时满足孩子的沟通欲望，如果可以耐心地倾听而不提出任何批评和指责，我想孩子发短信跟他人"诉衷肠"的次数会越来越少。

家长要多跟孩子交流，引导孩子多参加学校的活动，或者多进行户外活动等群体性活动，让孩子有更多的机会与他人交流，分散孩子对手机的注意力，未尝不是一个好办法。

15 孩子沉迷于网络，家长怎样帮他摆脱

为什么越来越多的孩子沉迷于网络难以自拔？针对这种情况，很多教育界、心理学界的专家也都做了大量的调查和研究，想找到帮助孩子快速摆脱网瘾的好方法，但至今为止没有哪种方法能够立竿见影。

🎬 情景再现

有个外地家长对我说，孩子放学后除了上网就是交男朋友，根本不学习。而且上网还必须去网吧，在家里还不行。

我问孩子平时上网吧都喜欢做什么，孩子的回答简单而干脆："跳舞。"

"买个跳舞毯在家跳不行吗？"我问。

孩子回答："不行，太小，没有震撼的效果。"

有一次，有个家长如临大敌地对我说："有一天，我看孩子学习太辛苦了，就去给他送杯牛奶，结果没想到孩子正在上网，而且还在浏览黄色网站。我一向很信任他，觉得他是个很自觉的孩子，这次要不是亲眼看见，我都不敢相信我的孩子会这样。老师，你说他是学坏了，还是得了什么心理疾病？"

一位母亲打进热线电话来求助。她说女儿为了见网友，之前已经离家出走两次了，都是当天就被父母找了回来。谁想到这两天她又走了，全家人找了好几天都没有找到。幸亏这次这个网友人还比较好，主动打电话告诉他们孩子在他那里，让家长尽快把她接回去。

✓ 关键点分析

在现实生活中，家长除了批评就是指责，对孩子的要求永无止境。

其实，让孩子们不能放弃的，不是网络，而是在网络世界中的那份自由——没有责备，只有奖励；做错了、做不好，不但没有惩罚还可以从头再来；一个人有好几条命，每一条命又由无数滴血组成，血快流干了还可以再补充，希望永远比失望多。

家长总是感叹孩子为什么迷上了网络，其实很多孩子就是被家长一步一步推向了网络。孩子们真的那么喜欢网络吗？不是，很多对网络着迷的孩子都会有空虚的感觉，就拿劲舞团的玩家来说，其实他们自己内心深处也很鄙视这些游戏，但由于现实可能更让他痛苦，所以只好选择网络。

一般迷恋网络的孩子都是性格内向、缺少朋友、长期得不到家长关爱或者家庭教育过于严厉的。因为内向，所以不善于表达；因为缺少朋友、无人倾诉，很多情绪积压在心里无处宣泄，只好通过网络来发泄；因为家长管教太严，达不到家长要求就要屡屡受罚，或者必须忍受家长的唠叨。长此以往，孩子逐渐感到绝望和空虚，不愿意回家，所以只能通过网络来建立自信，找到虚幻的成就感。

关键帮助

（1）家长要有耐心。要为孩子提供一个温暖、宽松、民主和没有指责的家庭环境，让孩子在家里有一种很舒服的感觉。不用因为父母的批评而难受，不用为实现不了父母的愿望而担心。当孩子感觉到家的温暖时，就是他慢慢离开网吧的开始。

（2）家长要努力改变自己。要学会跟孩子进行良好的沟通。当孩子发现父母愿意为了他们而改变时，他们也一定会做出改变。

（3）帮助孩子确立目标，分散注意力。很多孩子是因为空虚、缺乏人生目标、缺少生活动力才去上网的，如果家长能引导孩子建立短期很容易实现的目标，并耐心地陪着孩子一起成长，或者多带孩子出去郊游、鼓励孩子交友，也可以减少孩子的压力和苦闷，分散孩子对网络的注意力。

还要提醒一点，好多网瘾少年是因为厌学才逐步迷上网络的，所以要想劝说网瘾学生回头，最好先别提学习这回事。

16 孩子成了追星族,家长该如何引导

情景再现

刘女士通过"金战热线"讲述了女儿的情况。

她发现女儿出现了一些不可思议的变化:喜欢穿肥大裤子,耳朵上扎了四五个耳朵眼;迷恋国外的明星,而且每次看到电视上出现这些明星的画面就会尖叫;张嘴闭嘴都是明星,好像不谈论明星就没有话讲。在这种状态下,她的学习一落千丈。

刘女士采取了一些强制措施,把女儿看的明星杂志、明星贴画都给毁了,也逼她把蓬乱的长发剪了。可是这些举动引起女儿更大的反弹,现在女儿连反抗的方式都明星味十足了,学习更是一塌糊涂。

关键点分析

追星,表明孩子已经有朝社会发展的情感倾向,即社会化倾向,这是成长的表现。

孩子到了十三四岁的时候,一般会对父母的权威进行挑战。要进

行挑战，就必然有一个力量支撑他，过去的时代可能是雷锋，现在可能就是影、视、歌坛的一些偶像，这些偶像是社会的公众人物，一定程度上代表了主流文化或社会标榜的某种价值观。

追星从本质来讲并没有什么。孩子不吃不喝，半夜跑去排队，甚至逃学去追星，发生这种情况也并不奇怪。青少年的行为本身就有随意的特点，有时可能会过火一点或者超常规一点，这都很正常。在成长的过程中，他会慢慢地自我调整。

自我调整需要孩子自己来完成，要经过一个阶段。家长希望孩子一夜之间就成熟，看见孩子那痴狂的样子心里就着急，就进行粗暴干涉，结果总是事与愿违。如果家长强行不让孩子追星，看起来好像正确了，实际上可能是在帮倒忙。这样可能会挫败孩子自己选择的欲望，因为孩子所有的新行为、新选择都是对生活的试探、对成长的体验。如果家长不停地挫败孩子的决定或者欲望，孩子最后就会放弃对社会的探索，对父母产生心理依赖。

孩子要尝试没有经历过的生活，这些欲望从本质上来说是好的，尽管这些欲望可能代表了一种非主流的现象，或者是一种在主流观念看来不那么正确的东西，但从心理学来讲，这些都非常有意义，对孩子的成长也非常重要。

❓ 关键帮助

（1）正确看待孩子"追星"。崇拜偶像，是孩子成长中的必然现象，要求孩子拒绝崇拜偶像是不现实的。大多数孩子的追星仅限于收藏几张他喜欢的"星"照贴在床头，看该"星"的光碟，或偶尔花钱买票听该"星"的演唱会，搜集该"星"的一些生活资料。如果仅限于这些，父母就不应横加干涉，孩子紧张学习之余听听流行歌曲，让生活丰富多彩些，有利于健康成长。

（2）跟孩子一起去"追星"。喜欢娱乐是孩子的天性，孩子"追星"实际上是一种理想中的天真，也是一种激情中的盲目。父母发现孩子追星，不妨也同孩子一起追星。父母只有了解了孩子追的"星"，才可以和孩子谈"星"。父母对"星"发表的客观评论，对孩子的人生观与价值观的形成将起到潜移默化的影响。

（3）防止不健康地"追星"。孩子处于青春期，阅历浅，心理不成熟，感情容易冲动，容易做出一些不理性的事来。比如有的男孩看着自己心目中漂亮性感的女明星，容易产生性冲动、性憧憬；有的女孩过于迷恋某男星，如果有某男星结婚的消息，立刻觉得"自己受骗了"，闷闷不乐、精神沮丧。孩子"追星"如果到了这种如醉如痴、神魂颠倒的地步，肯定会影响学业、影响身心健康发展，这就需要加以正确引导。其实"明星"跟正常人没什么两样，许多"明星"的"外在美"都是包装出来的。父母可以跟孩子讲明这些道理，说明听歌和看影视节目只是生活的一小部分，更多的时间应该用于学习，实现自己的远大抱负。

（4）把崇拜转化为激励。追星实际上是一种榜样的认同和学习，孩子往往把明星当做他们人生发展的楷模、参照系以及心灵寄托。父母可以对孩子自发产生的"偶像崇拜"心理和行为进行合适的干预，把孩子的"追星"转化为奋斗和成功的自我激励。

（5）让孩子崇拜多方面的"星"。榜样的力量是无穷的，一个没有英雄主义的社会将是一个沉寂的社会。一个人也许一辈子没有当英雄的机会，但如果少了当英雄的信念和梦想，那人生就没有多大意义了。父母要花更多的时间和精力带孩子去亲近历史、亲近英雄，让孩子更多地去崇拜科学之"星"、文化之"星"、英雄之"星"、劳动之"星"。

17. 孩子偷看黄色小说，应该怎样跟他谈"性"

这一直是个敏感话题，以致多数家长和老师都避而不谈，采取无为而治的态度。但是避而不谈并不能回避问题，一旦问题主动找上门来，麻烦往往会更大。

情景再现

一位姓宋的女士在"金战博客"里留言，讲述了这样一件事。

一天她在整理儿子卧室时，不经意地发现儿子在偷看色情小说。她又气又恼，但为了不伤害儿子的自尊，她只是把书藏起来，没把这事捅破。因为儿子各方面一直表现不错，也很要面子，她相信儿子会察觉到自己的错误，并自觉纠正。

此后一段时间，宋女士发现儿子没有什么异常，对于色情小说的事谁也没提，生活依旧平静。宋女士很满意自己对这件事的处理——点到为止，心照不宣，达到了"无声胜有声"的效果。

又过一些日子，让人意想不到的事情发生了。那天宋女士身体不舒服就没去上班，她竟然发现儿子放学回家后在卧室里手淫。

原以为问题在不露声色中解决了，没想到事情发展到如此地步，这让宋女士惊慌失措。

✓ 关键点分析

宋女士对问题并未采取任何措施，以为事情轻而易举地解决了。不要以为是敏感问题就可以轻描淡写，事情远没有那么简单。

孩子的性发育是生长发育的重要阶段，处在青春期的孩子正处于对性的好奇和探索阶段。如果不通过有针对性的教育消除他们对性的神秘感，他们也会主动去寻找，甚至去体验和尝试。而在他们缺乏性常识的情况下，这些探索和尝试是盲目甚至是危险的，往往容易出现问题。

? 关键帮助

（1）家长要正确对待，不要遮遮掩掩。家长要多了解一些适合孩子的性知识，为孩子进行科学的讲解。也可以买几本生理卫生方面的书，放在孩子可以看到的地方，让他们随便翻看。这样可以帮助孩子对来自多种途径的性知识进行分辨，避免他们被一些不良信息带入歧途。

（2）发现了问题，家长要保持冷静。因为这时候孩子压力已经很大了，如果家长处理不当，会对孩子的心理造成一些不良影响，甚至会影响孩子以后的生活。家长最重要的是理解孩子，引导孩子正确面对问题，并给孩子提供一些建议。

（3）家长要帮助孩子转移注意力，引导和鼓励孩子培养健康的情趣和爱好，激发、培养孩子在艺术和体育方面的兴趣，鼓励孩子在学习和生活中发挥自己的特长，并从中获取快乐。

28 孩子甘做"宅男"、"宅女",怎样让他们走出家门

很多孩子习惯一个人待在家里,心甘情愿地做"宅男"、"宅女"。他们在家想看电视就看电视、想上网就上网,自得其乐。

情景再现

有家长忧心忡忡地打进热线电话说:"孩子好不容易放假了,本来想给他报个辅导班,把上学期落下的课补一补,结果他死活都不去。现在每天在家除了吃饭、看电视、上网,其他什么事都不做。让他写作业他就发脾气,怎么办啊?"

我说:"假期本来就是孩子休息的时间,不要再用学习把孩子的休息时间填得满满的,孩子需要适当放松一下。除了让其认真完成作业,要鼓励孩子出去找同学玩,孩子需要与外界沟通和交流。另外,孩子多做户外活动,对其身心都有好处。"

结果家长却说:"我们都说过,但他说同学都没意思,说别人幼稚、谈不来。而且我们也担心他出去以后交一些不三不四的朋友,他在家里我们还放心一点。"

我说:"那你们要是主动要求陪孩子出去玩,恐怕他也不愿意吧?"

家长肯定地说："可不是！他早就不愿意跟我们玩了。"

这个男孩就是一个典型的宅男。

✓ 关键点分析

整天待在家里不出门，对孩子的身心健康发展是极其不利的。从运动的角度看，孩子"宅"在家里不运动，必然会影响他们的生长发育。只有不断地运动，尤其是经常从事户外运动，才能使身体的各个部位协调发展，让身体更健康。

从心理的角度看，十几岁的孩子正是建立内心世界、逐渐走向成熟的时期，他们应该面对和适应真实的社会生活，而不是一个人在家里自得其乐，或者到网上去寻找虚拟的生活空间。"宅"在家里的孩子与外界长期隔离，他们心理的成长会受到很大的影响。

尤其在人际交往方面，长期独处会使孩子不善于与人沟通，必然导致孩子人际关系不良，缺少朋友。没有朋友会直接打击孩子的自信心。很多孩子就是因为在学校跟同学关系不好而产生自卑心理，从而影响学习，严重的发展到了退学的地步。

? 关键帮助

那么对于这些已经"宅"在家里的孩子们，家长应该怎么办呢？

（1）家长不要因为不放心孩子独自出门，就把孩子关在家里，应该鼓励孩子多跟同学在一起，多做户外运动。

（2）家长要主动为孩子创造一些集体环境。比如经常组织孩子的同学以家庭为单位参加郊游、在网上建立班级群等，为孩子创造机会与同学相处。

（3）家长要鼓励孩子积极参加学校组织的各项活动，使孩子更多地参与到集体当中去。不要担心业余活动太多会影响孩子学习，其实那些在学校特别活跃的孩子，恰恰也是学习方面的佼佼者。

（4）家长要为孩子交往打消顾虑，并给予适当的指导。愿意"宅"在家里的孩子，多数都是性格比较内向、腼腆的孩子，他们并不是不想交朋友，而是因为害羞、怕被拒绝而不主动跟人交往。如果家长能够打消孩子的顾虑，鼓励孩子积极主动地交友，并给孩子适当的指导，相信孩子会走出"宅男宅女"的生活，去迎接外面更精彩的世界。

家长如果想要孩子能很好地融入社会，就必须从小培养孩子与人交往，适应社会。这是个贯穿始终的教育过程，而不是某个阶段性的任务。

19 孩子早恋，家长该如何应对

在很多家长心目中，早恋就像洪水猛兽一样，一有风吹草动，家长就会惊慌失措。

情景再现

一个家长打进热线，还没开口就先哭了起来。原来这个家长刚刚知道，女儿"谈男朋友了"。这个消息犹如晴天霹雳，给了家长当头一棒，不知如何是好。

家长说原来女儿一直很听话，学习也好，跟家长无话不谈，看上去开朗、单纯，怎么也没想到她会早恋，一时间无法接受。

还有个家长给我讲过一个发生在他们家的笑话。

有一天，她无意间听见孩子在自己房间里给同学打电话："我不是处女呀，她才是处女，处女好吗？"

家长说："我听到这话，肺都快气炸了，真想直接冲进去问个究竟。后来一想，不行，问了她可能不说。我要继续听，看还有什么我不知道的惊天秘密。"

结果女儿接着说："我是巨蟹，应该比处女性格更好吧？快帮我看看，最近我的运气怎么样……"

家长说："我听到这儿，终于松了一口气，原来女儿说的是星座。多亏自己没冲动，倘若冲进去不分青红皂白数落孩子一通，那可真够尴尬的，以后我的威信可能全毁了。"

所以，有时候在没有了解事情的真相以前，千万别妄下结论。孩子说"不知道选哪个做男朋友"，没准说的是哪几个明星，仅仅崇拜一下而已，家长又何必小题大做呢？

✅ 关键点分析

孩子到了青春期对异性产生好感，这是一种正常反应。

外向型的孩子一般愿意跟家长和同学交流，也不避讳这个问题，情况比较透明，更利于家长引导。而且他们对对方产生好感大多是有原因的，一旦这个原因没有了，两个人的感情就会不攻自破。

但对于性格内向的孩子来说，情况就比较复杂。因为他们不善于表达，也不愿意跟家长透露这方面的事情。他们担心受到惩罚，所以一般都是"秘密"进行的。因此他们在想什么以及进展程度都不容易被家长掌握，引导起来就会相对难些，不容易找到突破口。但这样的孩子交异性朋友也恰恰是因为自己的性格内向、与人交流不畅所致，所以一旦遇到一个能理解他的人，就会像抓住救命稻草一样，很难放手。

关键帮助

遇到上述情况，家长可以采取不同的办法来引导。

对于性格开朗的孩子，可以引导他们看到他们自己考虑问题的局限性。他们思维开阔后，自然就不会被对方的某个优点所吸引了。

对于性格内向的孩子，要找到出现早恋现象的原因，尤其是家庭方面的原因，比如单亲家庭；比如父母关系不好，经常吵架；比如父母工作特别忙，甚至父母中异性那一方常年不在家，这些都可能导致孩子早恋。因为长期缺乏父母的关爱，孩子不得不通过外界寻求理解、寻找感情寄托。只要家长多方面分析问题，找到症结所在，孩子早恋的问题也一定会迎刃而解。

当然有时候也不排除孩子是真的喜欢上谁了，即使是这样，家长也不要大惊小怪，最好的办法是淡化"早恋"的概念和想法，化危机于无形。

一次我接到一个女孩打来的电话，她直截了当，一上来就说："老师，我喜欢我们学校的一个老师，怎么办？"

我说："你喜欢的这个老师是教什么的呢？"

她说："语文。"

我说："那你上语文课还能认真听讲吗？"

她骄傲地说："能啊，我所有的科目中，语文学得最好！"

我说:"哎哟,那可好,你有希望成为全优生了!"

她不解地问:"为什么?"

我说:"你想啊,你喜欢哪个老师,哪科就学得好。那要是喜欢所有的老师,你不就所有的科目都学得好了吗?"

她听我这么说就笑了,很开心。

我接着说:"你喜欢语文老师一定是有原因的,对吧?他身上一定有让你欣赏和崇拜的地方,对吗?"

她看我没批评她,还很理解她,就变得很大胆:"对呀,他长得可帅了,而且特别幽默,最重要的是课讲得好,够精彩。"

我赶紧抓住时机说:"老师觉得你是个很有眼光、很有品位的人。"她在电话那边"咯咯"乐。我接着说:"而且你特别善于发现别人身上的优点,你要是能像发现语文老师的优点那样去观察其他老师,一定会有意外收获的,没准也能喜欢上他们!"

孩子听到这,已经高兴得不行了,早就忘了打电话的初衷,并且还斩钉截铁地结束了谈话:"嗯,我知道了,谢谢老师!"

20
孩子喜欢比吃穿,怎样消除其攀比心理

曾经有人从吃、穿、用、玩四个方面诠释了现代中学生的攀比和奢侈,这些中学生出手阔绰,动辄上千元。在现实生活中,这绝非夸张。

情景再现

有一次，在地铁上看见两个孩子，每人手里拿着一款诺基亚的高端手机，正在那里对比，看谁的手机功能多、谁的电池待机时间长，还把自己的电池卸下来看是否能装到对方的手机上。有个孩子的电池可以同时装在两款手机上，而另一个却不行，于是那个孩子就露出了胜利的微笑。

看到这里我不禁感慨万分。我能认出其中那款较高档的手机，仅仅是深圳和北京的差价就将近2000元，一个差价都有2000元的手机，可想而知它有多贵，现在却成了孩子手中用来攀比的玩物。

关键点分析

追求名牌、追求前卫是当代学生"半成熟心理"的表象，缘于对社会、对外界的模仿，再加上潜滋暗长的虚荣心，为了吸引周围人注意，就会在衣着、新潮电子用品方面与同学PK，你玩酷的，我超酷，我酷毙！

实质上，孩子之所以这么喜欢攀比手机、攀比衣服、攀比吃喝，其实是一种不自信的表现。因为不自信，所以更在意外在的东西。

孩子通过这些外在的条件"证明"自己，却不需要自己付出多少努力，因为这些东西都由父母为他们准备好了。

一些在年轻时吃过苦的家长现在发迹了，于是"再也不想让孩子像自己那样受苦了"，所以尽可能地满足孩子的一切要求，尤其是物质上的要求。

还有一些家长虽然自己很简朴，省吃俭用，却倾尽全力满足孩子。我就曾经亲眼看见一个母亲，自己穿得几乎可以说寒酸，领着孩子买鞋，进了阿迪达斯专卖店，孩子看上一双1000多元的鞋，母亲半点犹豫都没有,很平淡地说:"那就买这双吧。"从她的语气和孩子的神情来看,这样的鞋应该不止买过一双了。

家长自身的虚荣与攀比行为也在影响着孩子,精神上的娇宠与物质上的保障,无形中助长了孩子攀比的行为,这样的家长自然难辞其咎了。

❓ 关键帮助

家长经常抱怨孩子不懂得节约、好攀比,那孩子要"面子"的心理到底是从哪来的呢?是不是家长一点一点培养起来的呢?要想让孩子不爱慕虚荣,不跟同学比吃比穿,家长应该怎么做呢?

(1)要多肯定和鼓励孩子。从多个方面入手,帮助孩子建立自信。孩子自信了,攀比的内容就会从外在转向内在。

(2)必要时跟孩子讲一讲家长的工作是怎样的。比如,如何赚到每个月的收入,每月的收入有多少。让孩子清楚家里的经济状况,学会体谅父母、懂得珍惜父母的劳动,从而在自己的花销上量力而行。

(3)可以让孩子参与家庭理财,安排每个月的家庭支出。这样既培养了孩子做事的条理性,又可以让孩子约束自己。

(4)教育孩子树立正确的人生观、价值观。让孩子把关注点放在学习上,多跟同学比较物质以外的东西。

(5)培养孩子延迟满足的能力,从而珍惜自己的所得。对于孩子的要求不要马上给予,而是让孩子体会到渴望的滋味后再提供给他。因为来之不易,孩子才会懂得珍惜。

当然,有时候适当满足孩子小小的自尊心,为孩子保留一份面子也是必要的,暂时保护孩子不因为外在的东西不如别人而变得自卑,然后再引导孩子将注意力回归到内在上来也不迟。

21 孩子和社会不良青年混在一起，家长怎么办

情景再现

一位家长打来电话，说自己的孩子最近和社会上的不良青年混在一起了，还拉帮结派、抽烟打架，家长非常着急。他的孩子原来非常懂事、听话，学习成绩也不错，可是自从上了高中以后，孩子就慢慢变了，和一些不良青年混在了一起，变得不爱学习，甚至还有逃课的情况。

原来孩子一直在父母身边，自从上了高中就开始住校，一两个星期才回家一次。孩子觉得一下子脱离了父母的管束，自己也散漫起来。孩子比较老实，在学校总是受人欺负，有一次还被其他班的同学打了，但因为不回家也没和家长说。这时候有人介绍了几个小青年让他认识，那些已经退了学、每天游手好闲、比他大不了几岁的孩子就成了他的救星。每当有人再欺负他时，他的这些朋友就"出手相助"，使他有了安全感。于是孩子渐渐和这群人混在了一起，也学会了抽烟、打架。

✓ 关键点分析

不难看出，孩子也不想变成这个样子。他自己也是被动的，不知不觉地被那群孩子"同化"了。脱离了父母每天的管束，再加上外界的一些诱惑，孩子很容易发生转变，而且这种转变可能是在不知不觉中发生的。

后来孩子的家长根据我们的建议，搬到了学校附近，租了一间房子，每天都接送孩子上学放学，陪着孩子上晚自习，阻止那些不良青年再联系孩子。家长与孩子的交流也比原来频繁，不断地给孩子树立正确的人生观和价值观。经过一段时间的努力，孩子终于与那些不良青年脱离了关系，学习热情也重新燃起，渐渐地又回到了正常的轨道。

那段时间家长每天都耗费了大量的时间和精力，父亲甚至为此牺牲了职业晋升的机会，但是看到把孩子从危险的边缘拉了回来，他还是感到由衷的欣慰。

❓ 关键帮助

当孩子面临类似的问题时，家长真的要付出一些时间和精力，甚至是牺牲一些东西才能帮助孩子从这段困境中走出来。

这时候孩子更多的是需要关心、爱护，而不是家长的责备、训斥。正是因为缺少关爱，他们才投入了似乎更"关爱"他们的那些人的怀抱。

另外，除了需要关爱，孩子更不能缺少父母的信任。如果父母对他们失去信心，就等于全世界都放弃了他们。除了那些混混青年，恐怕没有人再愿意接受他们了。那样孩子可能除了破罐子破摔，什么努力也不会做了。所以只要家长相信自己，相信孩子，就一定能和孩子一起走出困境。

如果不能改变孩子的学习、生活环境，那最好的办法就是把孩子紧紧地守护在家长的身边，让孩子远离外界的干扰。也许孩子开始不会接受家长的做法，但只要家长付出足够的耐心和关爱，就一定会感动孩子，最终让孩子回心转意，回归正途。

22 孩子喜欢穿奇装异服，家长如何做说服工作

上中学的孩子已经有了强烈的自我意识，认为穿什么、戴什么是他们自己的事，头发更是他们私人所有，不容侵犯，不允许家长干涉，更讨厌家长对其评头论足。

情景再现

我带过一个高一的学生，头发留得长长的，染成土黄色不说，还烫得卷卷的，看上去就像刚起床时没洗脸、没梳头，根本不觉得美，关键是不仔细看都分不出男女了。可他自我感觉良好，自以为很帅。无论我怎么提示，他都无动于衷。终于有一天我忍不住批评了他，还要求他马上剪成寸头。可他根本没把我的话当回事。看来来硬的是不行了，必须换一招。

一个偶然的机会来了。一天下午，教室里就他一个人。这时有两个家长来咨询，家长看了一眼教室，说："今天就这一个学生呀？他

还挺用功的。"我说:"是,学习用功,人长得也好看。"我故意把话题引到他的外形打扮上,家长还真配合,马上说:"嗯,这女孩长得挺好看,就是头发有点乱。"刚才还挺高兴的他马上变了脸色,一言不发地走开了。看到他怏怏离开、垂头丧气的样子,我知道这招奏效了。果然,第二天他再出现在我面前的时候,头发短了许多。我赶紧抓住时机表扬:"哎呀,这个发型帅呀,又有原来那个男子汉的风采了。"

✓ 关键点分析

正所谓"存在即合理",那些奇异发型和怪异打扮能让孩子找到"特立独行"、"有个性"的美好感觉。孩子喜欢那样的发型和服饰,其实无非显示出内心的一种渴求罢了。如果家长能让孩子感觉不管他留什么发型、穿什么衣服,即使外形很普通,只要他有自己的思想、善于独立思考问题、有创造力,都可以让别人感觉他是不一般的、无人能媲美的,孩子自然会放弃那些外在的表现方式。

值得注意的是,家长要表达自己的观点,尤其是要改变孩子的观点时,一定要掌握好时机。孩子有自己的喜好,但不一定符合社会主流文化,如何引导要讲究策略。

? 关键帮助

(1)家长要判断是孩子审美有问题还是自己落伍了。有的时候不排除是两代人的欣赏眼光不同造成了意见不统一,这时建议家长先要了解情况。最好先了解孩子喜欢的事物,比如发型、头饰、服饰,看看这些东西到底为什么那么吸引人、孩子们为什么喜欢。知道其中的缘由后,家长跟孩子沟通自然就有了话题,也正好可以通过这些话题拉近彼此的距离。当孩子发现家长理解了他的审美观时，就是家长发表自己看法的好时机了；或者当家长知道了孩子为什么喜欢那些事物之后，可能也就不再那么强烈反对了。

（2）很多孩子喜欢奇异的装扮是受了明星的影响。这时家长要跟孩子一起分析，明星们之所以装扮成那样，其实是工作的需要而并非他们喜欢。他们所有的宣传目的都是为了吸引大家的目光，要达到震撼的效果，服装和发型当然必须引人注目。而生活中的他们其实穿着也很普通，比如访谈节目中的明星一般穿着都很朴素，没有奇装异服，也没有怪异发型。

（3）有些孩子特别在意外表，其实是不自信的表现。他们是在通过这样的方式来证明自己的与众不同。对待这样的孩子，家长要多关注、多肯定、多鼓励，帮助孩子建立自信。一个真正自信的人是不需要刻意证明自己的，更不会通过服饰来引起别人的注意。

23 孩子经常被同学欺负，家长应该如何处理

情景再现

有一封学生来信，信中这样写道：

您好，老师，我在心理压力很重的情况下给您写这封信。

我在读高一，作为班长，我和班里很多品质恶劣的同学发生过矛

盾,别人甚至还对我动过手,还有人写日志骂我。

老师,我现在已经换了一个新环境。可几个月过去了,我的脑海一直浮现那些让人难受、耻辱的经历。我无法调节自己,学习成绩一落再落,我也变得不愿和别人交流。那些事情成了我的一个心结,我根本无法集中精力学习。

我要被这痛苦的经历压垮了,我该怎么办?

还有一个家长打来热线电话说,孩子最近特别不愿意去上学。每天早晨孩子起床正常洗漱、吃饭,背上书包准备出门前一切都正常,就是快要出门了,她会突然抱着肚子说:"哎哟,我肚子疼,今天不去了。"然后就转身回到自己的房间,躺在床上不出声也不起来了。

原来学校有个很厉害的女生,被称为"小太妹",总是欺负她,还跟全班女生说不要跟她玩,"谁跟她玩,就打谁",所以"后来大家都不跟我玩了","偶尔有男生跟我说话她就笑话我,还在班级里到处乱说",害得男生也都不敢跟她玩了,"小太妹"还威胁说,"如果你告诉老师和家长,我就每天找人打你"。

✓ 关键点分析

孩子经常受到同学欺负,其实说明了几个问题:

第一,孩子对人际关系和沟通方式没有把握好。

第二,孩子遇到问题喜欢退缩,不能积极面对,更不懂得寻求外援力量。

第三,孩子不能坚持自己的原则,不明是非。

第四,孩子胆子比较小,害怕遭到报复,被人欺负时,不敢反抗。

关键帮助

针对以上原因，建议家长从以下几方面入手来解决问题：

（1）要找到孩子被欺负的原因，然后对症下药。看看那个欺负人的孩子是不分青红皂白谁都欺负呢，还是只欺负我们的孩子。如果是前者，那问题肯定在他人，如果我们能想办法帮助他改正恶习，不但解脱了自己的孩子，还拯救了别人。如果是后者，那我们就要反思，是不是自己孩子有什么地方做得不妥，引起了别人的误会，解释清楚，矛盾自然也就化解了。

（2）告诉孩子不要一味地逃避，引导孩子积极地采取应对措施。很多孩子一被同学欺负，不是找家长诉苦，就是退学了，从来不仔细思考对方为什么要欺负自己、怎么能跟对方搞好关系等问题。

（3）家长要站在孩子的角度考虑问题。不要只是简单地帮助孩子处理问题，而是要指导孩子学会人际交往的技巧和处理问题的思路，培养孩子独立解决问题的能力。孩子遇到问题时家长总是出面，不利于孩子的心理成熟。很多高中的孩子跟父母说起学校的事情时，只是希望有人能倾听和理解，其实他们并不期望父母亲自出面去解决问题。

（4）教孩子学会宽容。有时候宽容的力量是巨大的。**很多家长总是抱怨孩子自私、只顾自己、不懂得替大人考虑，可是仔细回想起来，我们可能错过了很多最佳的教育时机。**明明可以培养孩子宽容、乐于助人、从正面考虑和解决问题等优点，家长却只顾保护自己的孩子，对别人愈加苛刻。久而久之，孩子的思维方式也会变得跟家长一样，所以很多时候，孩子的自私其实是家长培养出来的。一个积极乐观、宽容豁达的家长，不仅能培养孩子解决问题的能力，同时也树立了自己在孩子心目中的威信。

巧妙沟通化解孩子成长的烦恼

关键词：主见 多管闲事 家庭会议 负面情绪 打骂 无理要求 偷看日记 住校 单亲家庭 宽容 淡漠 隔阂 人生

孩子凡事都让家长拿主意，如何让他有主见

现在很多孩子没有主见，什么事都要征求大人的意见，似乎自己没有任何想法。吃什么、穿什么、学校组织的活动要不要参加、课外辅导班报哪个、是学文科还是学理科、高考志愿报哪个学校、专业选什么，等等，这些问题事无巨细地都要家长操心。孩子小的时候，家长甘愿做这些事，如果孩子长大了还是这样，家长就开始犯嘀咕了：孩子这么没主见，将来可怎么办呀？

情景再现

有个学生家长来找我咨询："带孩子出去吃饭，问他吃什么，回答永远是'随便'。他小时候我帮他买衣服，现在长大了，还是我帮他买衣服，自己喜欢穿什么都不知道。我真担心，他都这么大了，这些小事还不能自己拿主意，怎么培养他的独立性呢？至少自己的事情应该自己决定吧。"

我说："下次再出去吃饭或买衣服的时候，你可以给他几个选择。比如你可以说'今天我们吃麦当劳还是肯德基呢'，'这两件衣服各有特色，你喜欢哪一件，咱们就买哪一件'。渐渐地，他就可以

在有限的范围内做出决定了，然后你再把范围逐步扩大，这样慢慢培养，时间长了他自然就会自己做主了。"

本来这是个已经通过实践检验过的、有效且可行的好办法。可是没想到家长不但没有接受，反而反应强烈地说："不管用！我都试过多少回了，他根本不选，就是'随便'！"

我转向孩子："是这样吗？"

孩子说："是。"

我说："为什么呢？"

他说："因为就算我选了，她也不会同意。"

我追问："是这样吗？"

孩子斩钉截铁地说："是！比如我喜欢蓝色和黑色的运动服，可我妈非让我买白色的。她说我穿浅色的好看，显得我皮肤白。"

"哦，我明白了，"我似乎找到了答案，"那如果非让你自己选择呢，怎么办？"

"那我就选我妈喜欢的呗，反正我都知道她想让我选哪个，只要她高兴就行，否则选别的她也不会同意。"

我回过头笑着看孩子的妈妈，她显得有点尴尬，但显然她已经知道问题出在哪儿了。

我只说了一句："看这孩子多懂事啊，都学会换位思考、为别人着想了。"其实我的潜台词是：如果家长也懂得换位思考，愿意站在孩子的角度考虑，很多问题都会迎刃而解。

丁女士发来电子邮件介绍了孩子的情况。

从小学开始，儿子做完作业都要妈妈检查一遍；每次考完试，丁女士都要亲自为儿子把错题整理在错题本上，让他日后复习。这个习惯一直坚持到现在。

同事都给孩子报课外辅导班。丁女士问儿子:"别的孩子都上辅导班,说是效果挺好的,你也报个班吧?"儿子说:"行,随便。"丁女士还是想尽量让他主动,又说:"那报什么班好呢?你觉得哪门课有必要报名?"儿子想一想,说:"都行吧。"丁女士没办法了,没好气地说:"那就都报上?"儿子说:"随便。"

到了辅导班,老师问儿子学习情况,结果儿子一句话都不回答,只是瞅着妈妈,好像问的根本不是他。相比,丁女士对老师的问题对答如流,对儿子的学习情况了如指掌,搞得老师大跌眼镜。

✓ 关键点分析

有时候家长只顾着抱怨,却没有想过其实问题就出在家长自己身上。最重要的原因就是家长太主动,剥夺了孩子的决定权。本来独立自主做决定的习惯是应该从小培养的,可是那个时候家长总觉得孩子小,不会做决定,或者更确切地说是信不过孩子,觉得孩子不会做出正确的决定,所以干脆包办一切。等到孩子长大了,家长觉得是时候让孩子决定自己的事了,可是一切都晚了。

孩子没有主见,除了从小没有获得锻炼的机会外,还因为缺乏自信,因为不相信自己,所以不敢做决定;因为怕承担,所以不去做决定。

? 关键帮助

那么究竟如何才能使孩子变得更有主见呢?可以从以下几方面入手:

(1)家长要放手,让孩子自己处理事情,对自己负责。多给孩子锻炼的机会,并且及时对孩子做出的决定表态。已经上了中学的孩子不但有能力为自己的行为负责,更重要的是他们有强烈的愿望决定自己的事,这个时候家长要舍得放手。如果对家里的事情也能征求一下孩子的意见,更容易培养孩子的成就感和自信心。

(2)决定的正确与否没有固定标准。家长不应该以自己的意见为准绳。原则性的问题按照大家公认的来做,非原则性问题家长要学会宽容和妥协。如果家长能允许并培养孩子从不同的角度去看问题,摒弃那种非黑即白的思维方式,一定会培养出孩子独立思考的能力,并将这种能力变成一种习惯,受益终生。

(3)引导孩子在集体中主动做一些事情,担当重任,培养自信和责任感,以此克服自由散漫、任性、自卑、无责任感的缺点。

孩子爱说"不关你的事",是家长管多了吗

情景再现

有个家长每天看着孩子写作业,结果孩子写作业的速度越来越慢,但这个家长很执著,哪怕熬到夜里11点也会坚持到底,当然唠叨也会随之增加。可是后来事情发生了转变,孩子放学回来或说作业已经在学校写完了,或说没带回来,或说已经交给老师了。开始家长并没怀疑,直到接到老师打来的电话,说孩子已经好几天没交作业了,家长才追问孩子为什么不交作业而且还撒谎,结果孩子不但没有承认错误,反而愤怒地说:"写作业是我自己的事,我愿意写就写,不愿

意写就不写，不关你的事！"

✓ 关键点分析

　　从写作业拖拉发展到撒谎，孩子经历了一个从反感到绝望再到反抗的过程。很多家长不理解为什么孩子突然变成这样，其实原因之一正是家长的教育方式不当。

　　对于家长的要求孩子似乎永远也满足不了，孩子的表现永远不能让家长满意。家长像看贼一样看孩子，强迫孩子做自己不喜欢但家长认为很有意义的事。当孩子的忍耐到了极限，矛盾就爆发了。

　　另外，这也跟孩子的年龄有关。孩子小的时候对自己的能力不自信，很多事不得不依赖父母。上了中学他们因为对自己的能力有了新的认识，自我感觉已经可以处理任何事了，终于可以摆脱父母了。这个年龄阶段的孩子容易产生逆反心理，不喜欢被约束。所以，上了中学的孩子已经有了自己的主见，家长不适合再以命令、要求、指导和权威的语气跟孩子说话，而要以平等、民主的口吻多跟孩子商量。

? 关键帮助

　　（1）多说不如少说，少说不如多做。对同一件事、同一个道理，讲一遍可能有效，但不停地重复可能会适得其反。讲道理是家长最喜欢使用的教育方法，但最有效的方法应是家长身体力行，做孩子的榜样。很多时候家长默默地做些事情，反而会打动孩子，因为不会让孩子感觉到被"要求"。

　　（2）多以征求意见的口吻跟孩子说话。家长可以引导孩子，但主意要孩子自己拿，决定权交给孩子，这样孩子不但不会说"不关你的事"，反而会变得很独立。

（3）舍得放手。有些家长就是"管得太宽了"。"外面冷，再穿一件衣服"，如果作为一句关心的话，说一遍就好，但家长往往一定会逼着孩子多穿衣服，否则就不能出门。难道孩子会不知道冷暖吗？所以家长要舍得放手、转变观念：孩子的很多事就是"不关我的事"，他要学会自己去处理。教育的最终目的，就是让孩子学会独立生活。

（4）注意说话的习惯。孩子这种说话的习惯可能是模仿家长的结果。我小的时候就经常受到这样的冷遇，每次当我对大人的话题表现出兴趣，并兴致勃勃追问不停的时候，他们给我的永远是一盆冷水——"不关你的事，大人说话小孩不要听。"所以家长不想听的话，最好也不要对孩子说。

3 家长自己的事情，有必要跟孩子沟通吗

情景再现

方先生工作很忙，儿子刚升入高中时正是他最忙的时候。

有一次他晚上回家比较早，到书房看见儿子摆在书桌上的周记，字迹潦草得没法看。

吃过晚饭，方先生把儿子叫到书房，指着他的作业，像以前那样摆开架势开始对儿子说教。

"看你写的字就知道你的学习态度，看你的学习态度就知道你的

学习成绩。基础差点不要紧,要认认真真、踏踏实实,做什么事情都要这样,知道吗?"

"知道,从小学到现在,你跟我说过N遍了。但是,我知道不等于一定做到,这要看什么事情、是不是有意义。这么无聊的作业,我认真做了又会怎么样?"

孩子竟然顶嘴了,这是方先生没想到的。以前做不到归做不到,可儿子从来没这么不听话。话没法谈下去了,方先生稳定一下情绪,暂停在这里。

儿子见老爸好久不搭理他,反倒过来凑近乎:"老爸,你最近忙得连话都很少跟我说了。"

听儿子这么一说,方先生才猛然醒悟。做一行做久了,从当初的满怀激情、认真负责、踏踏实实到现在养成了"老油条"似的工作习惯,造成很多规范化的流程都没落实到位,虽然不影响大局,临到检查时,才发觉丢掉了最基础的东西,积少成多,只好突击弥补,才导致如此狼狈。

既然想到这里,方先生顺势把自己工作的实际情况告知儿子,并检讨自己工作上的不足,让儿子记住自己的教训。方先生现身说法,深有感触地对儿子说:"看来今后做什么事都要始终如一、踏踏实实,才经得起时间的考验。记得有句话说得好,简单的事情认真做,认真做的事情要反复做,反复做的事情要创造性地做,才会越做越有活力。"

果然,儿子见老爸这态度,很受感动。方先生没提儿子作业的事儿,儿子却主动做了检讨,并保证尽快改变这种状态。从此儿子像变了个人,很快就改掉了学习不认真的毛病,高一结束时,成绩已经提到全班前5名。

一个孩子上高二了,父母都是高干,高学历、有能力,在单位管理一大批人,但特别令他们发愁的是孩子从来不听话。道理说了多少遍,孩子就是不听,总觉得他自己是对的,从来不采纳家长的意见。

于是我就问家长:"那你们经常跟孩子探讨自己工作上的事吗?"

家长答:"这跟他有什么关系?"

我又问:"那家里的事情你们跟孩子商量吗?"

家长答:"家里的事情我们都安排好了,他也不可能操那份心呀。"

这就是问题的根源。

✓ 关键点分析

两代人因为生活环境不同、社会大背景的差别,在人生观、价值观方面难免有差异,家长不应该一味地以自己的观点为标准,也应该做到与时俱进,多听听孩子的观点,虚心听取孩子的意见。

方先生的儿子之所以如此"听话",在于方先生尊重儿子,而且他能够现身说法、自我检讨,以平等的方式跟儿子交流。儿子角色转变了,以前是被指责,现在是参照别人的失误主动进行自我反省,这样当然会产生不同的效果。

其实只要方法得当,每个孩子都会很"听话"。

? 关键帮助

为了让孩子多关心家庭事务,改变可以这样开始:

(1)适当组织家庭会议。把家里的大小事情拿出来讨论一下,每个家庭成员都要发表意见。不一定要马上否定孩子错误的观点,可以先不做评判,而是给出家长自己的意见,让孩子来思考对错。

（2）跟孩子讲话要多举例、少讲理。用正确的人、正确的事感染孩子，避免孩子觉得家长的道理枯燥乏味、难以接受。

孩子产生逆反心理，家长怎么应对

随着年龄的增长，有一部分进入中学的孩子，会对父母采取一些对抗行为，有人称其为"青春期叛逆"。我是不太赞成"叛逆"这个说法的，更倾向于使用"青春期困惑"这个词语。我在近30年的教学生涯中，遇到过无数遭遇"青春期困惑"的学生，最终，这些学生都很安全地度过了这个特殊的阶段。

情景再现

河北保定的一位高二学生，母亲是一位极负责任、教学水平非常高的老师。她对孩子的要求极其严格，一旦孩子不听话，她甚至会体罚孩子。孩子很聪明，加之母亲的严加管教，学习成绩一直名列前茅。这种状况持续到初二下学期，孩子好像产生了逆反心理，开始尝试违背母亲的意愿，不过表现不是十分强烈，所以没有引起母亲足够的重视。

中考结束后，母亲安排孩子假期预习高一课程，这时，孩子的逆反强烈地爆发出来，他坚决不同意母亲的想法。母亲想说服孩子，孩子扭过头去，当做没听见；动手打孩子，孩子已经比母亲高出一头，胳膊轻轻一挡，母亲就是一个趔趄。母亲无计可施，与儿子的较量，第一次败下阵来。此后，双方冲突不断，几乎每次争论家长都铩羽而归。妈妈也私下叮嘱各科老师严加管教孩子，可孩子对老师也毫不领情，有时还无缘无故顶撞老师，这让妈妈在同事面前很没面子。

孩子每天放学回家就把自己关在房间里，不到吃饭时不出来，自己的抽屉也都锁得严严的。有时候，母亲想缓和一下关系，主动和孩子说话，可往往谈不了几句，又陷入争吵之中。

有一个家长曾经跟我讲过，她是怎样让她女儿看《中国英才家庭造》的。

这位家长看完这本书后发现特别好，就推荐给她的女儿看，没想到本来很喜欢看书的女儿竟然对此不感兴趣。于是妈妈举了几个书中写得特别神奇的例子，比如倒数第一进北大、如何在高考前用一周的时间将数学提高20分。讲完以后，她不再要求女儿看了，而是说："你最近太忙了，别浪费学习时间，等考完试再看吧。"然后这个妈妈就当着孩子的面，把书放到了客厅的书架上。结果没过两天，她在给孩子打扫房间的时候发现，那本书竟然在孩子书桌上。她很开心，但仍然假装不知道，直到女儿开始跟她讨论这本书。

关键点分析

孩子从进入中学起，好像就不再听父母的话了，家长指东他偏要去西，事事与父母作对。一向乖顺、听话的孩子，就像着魔似的变了一个人，让父母不可捉摸、束手无策。

原因何在？一方面是家长的教育方法落伍了。原来的教育方法更适合初中以下的孩子，孩子在不断成长，教育方法也要随之改变。另一方面是因为教育方法从一开始就不对。

　　心理学中有个实验是这样的：心理学家先把一只小白鼠放在笼子里，只要蜂鸣器一响，就对小白鼠施以电击。电流不足以致命，但会让小白鼠痛苦万分。在封闭的笼子里，无论小白鼠怎么上蹿下跳，都无法摆脱电流的侵袭。如此反复多次。然后，心理学家改变实验条件，将笼子门打开，蜂鸣器响过后并不立刻施以电击。结果小白鼠不但没从笼子里逃出去，反而在大门敞开的笼子里等待痛苦的降临，甚至不等电击出现就倒地抽搐。后来，心理学家给这种受到多次挫折之后产生的无能为力的感觉命名为"习得性无助"。

　　人如果产生了习得性无助，就会变得绝望和悲哀，很有可能会放弃一切。

　　很多家长所谓的"教育方式"大多只有一个：喋喋不休。它对于孩子的作用就像电击对于实验中的小白鼠，其实那根本不是教育，应该叫摧残。很多孩子就是这样一步一步被父母逼向了"我行我素"。因为无论他怎么努力，家长看到的、指出的，永远是他的不足。久而久之，孩子干脆什么都不做了，就像笼中的小白鼠一样——在这里我把孩子的这种表现称为"习得性反抗"。

❓ 关键帮助

　　怎么认识并解决这些问题呢？我给家长的建议就是：

　　（1）颠覆一个观念——听话就是好孩子！好孩子的定义究竟是什么？有一个家长跟我说："我儿子小时候很听话，特别好。"在他眼里，只要孩子对父母言听计从，就是好孩子。其实这样就是把孩子看成没有自我的木偶，孩子对自我的肯定完全依从于外界的评价，会活得很累。好孩子应该有一个更宽的底线。父母要敢于接受孩子的逆反，让孩子对生活有主见，发展孩子的自发性而非强迫性才是真正爱孩子。

（2）应该谁先理解谁？对于任何僵硬的关系，要化解肯定要有一方先去理解、包容另一方。是大人先理解孩子，还是孩子先理解大人？我认为是大人先去理解孩子，理解的关键是倾听，让孩子把心底的话讲出来；孩子讲的时候，即使你不认可，也不要打断。这就要求父母能够不以自己的好恶标准要求孩子，要尊重孩子独立的人格，并愿意以先去理解孩子的姿态与孩子互动，那么一个良好的沟通才可能开始。然后，晓之以理、动之以情，引导孩子认识自己的问题，并适时提出合理的解决之道。

（3）不要剥夺孩子经历失败的权利。失败是一种教训，更是一种提醒。你天天告诉他摔倒了会疼，他没有亲身体会，理解得也是模模糊糊。直到有一天他重重地摔了一跤，很疼，他才会真正明白"摔倒真的会疼"。下次他才会自觉地注意。走一些弯路，有一些经历，多一些体会，孩子以后的路会越走越宽广，越走越顺畅。

（4）要学会正确的批评方法。孩子犯错误的时候，要给予严厉的批评。批评孩子要就事论事，说准说透，以质量胜数量。不要把陈芝麻烂谷子都翻出来，老账新账一起算，因为孩子最烦的就是父母的唠叨，它会让孩子产生"永无出头之日"的绝望感；更不能不分青红皂白一通粗暴指责，让孩子摸不着头脑，其结果是父母说了很多，孩子却不知道自己到底错在哪里。

（5）要不断调整自己的教育方法。教育孩子的方法，要根据孩子的年龄进行调整。过分的保护与过多的干涉都是不正确的，不要万事代劳。对孩子的教育不能只注重智力与分数，因为决定人生幸福与否的不是学问的高低，而是人格的健康水平，行为习惯恰恰是影响人格发展的关键因素之一。

孩子心情不好时，怎样帮他疏导负面情绪

现在的孩子大都是独生子女，是整个家庭的中心，孩子的喜怒哀乐关乎其他家庭成员的心情。所以孩子一不高兴，做父母的就着急，就千方百计想让孩子高兴起来。但上高中的孩子跟小孩子不一样，家长的努力往往会事与愿违，孩子根本不领情，家长自己还讨个没趣。

情景再现

尤女士在"金战博客"里留言说，儿子以前是个阳光男孩，可是自从上了高中，儿子性格好像变了，经常情绪不高，用他自己的话说就是"郁闷"，有时候甚至莫名其妙地发脾气。尤女士试图问明原因，开导儿子，可是他拒绝交流。尤女士很郁闷，不知怎么办才好。

关键点分析

中学生心情不好，情况比较复杂。家长要做工作，首先要找到孩子心情不好的原因。

（1）孩子承受了太多的压力。家长是不是对孩子的期望太高了？比如给他报各种各样的辅导班，孩子几乎没有多少时间可以放

松，没有自己的生活空间。现代社会的确给孩子太多的压力，让他们从小就背负起长大成才的任务。孩子在父母身上感受到的是有条件的爱，只有学习成绩好，父母才会去爱他，而他渴望的是父母无条件的爱。压抑的时间长了，孩子就容易变得悲观、抑郁。

（2）孩子觉得家人的关爱不够。在安全感和亲情方面能得到满足的孩子，心理通常就比较健康，就容易形成愉快和开朗的性格。一个性格烦躁的妈妈教不出一个温和耐心的孩子，抑郁的家庭气氛也培育不出一个乐观的孩子。如果家庭发生了一些变故，如父母的工作变动，父母感情不和甚至分居或离异，这都会让孩子觉得父母陪伴自己的时间减少，父母不再爱他，甚至感到家庭没有稳定感和安全感，这样孩子就容易从活泼走向自卑和内向。

❓ 关键帮助

高中的孩子已经大了，有自己的心事。有时候烦恼来得快去得也快，不愿意告诉父母，这时候家长就不要过于热心。

孩子情绪不高，家长要注意察言观色，找到恰当的时间和机会介入。要以平等交流为主，最好以自己的烦恼经历现身说法，让孩子心领神会，豁然开朗。具体可以尝试以下做法：

（1）有意识地创造宽松而温馨的家庭氛围。家长不要逼孩子做他不喜欢或者做不到的事情，不要给孩子施加过大的学习压力。凡事要多跟孩子商量，尊重孩子的意见。

（2）家长自己要保持乐观心态。父母的情绪是影响孩子最强大而无声的力量。如果希望孩子快乐起来，家长首先要表现出乐观向上的情绪，孩子会渐渐受父母感染，转变自己的情绪。

（3）引导孩子走出狭小的生活空间和自己的精神小圈子。可以带孩子到亲朋好友家串门，与孩子一起外出旅游，或是让孩子多参加体育、文娱活动来转移注意力，开阔孩子的视野。

（4）引导孩子进行积极的心理暗示，适当宣泄心中的郁闷情绪。引导孩子倾诉，必要时到旷野无人处大喊大叫、大哭一场，及时宣泄负面情绪。

（5）引导孩子用名言警句和名人经历激励自己。找一些经典的名言警句激励孩子，引导孩子读名人传记，名人失败或成功的经历会让孩子重新振作起来。

家长经常失控随意打骂孩子，怎么办

家长打骂孩子，往往伤害了孩子，自己也痛悔不已。而这样的事情往往在一些父母身上一而再、再而三地发生，这恐怕就不是一时"失控"的问题了，而已经成为一种习惯。

情景再现

齐女士通过"金战热线"诉说了她的烦恼。

女儿今年上初二，考试成绩时好时坏，波动比较大。齐女士平时工作忙，性格也有些急躁，一听说女儿成绩不好，就爱发火，情急之下就会打女儿，打完之后就会流泪，但是除了打，没有别的办法。现在女儿变得越来越沉默，对学习的抵触心理很强，成绩也有逐渐下滑的趋势。齐女士很后悔,却不知道该怎么办。

✓ 关键点分析

家长为什么总是失控打孩子呢?

(1) 望子成龙、望女成凤心切。很多家长对孩子寄予了美好的憧憬和希望,这种目标、期望往往过于理想化,多是一厢情愿,实施的过程又是盲目、无序的,那么目标就成了束缚孩子成长的锁链。孩子在成长过程中没有按着家长的理想方向发展时,家长自然不满意,开始为孩子"纠偏",纠偏方式大多伴随打骂和指责;打骂之后再观察孩子,发现问题仍照旧,个别孩子问题反而会更突出。

(2) 攀比之心让孩子成为出气筒。经常听到很多家长讲,你看看人家的孩子多聪明、多可爱、多棒啊,要是我家的孩子能这样,该有多好啊。讲这些话的家长,总是在拿自己的孩子和别人的孩子比,拿别人家孩子的优点去比自己孩子的缺点,比来比去,让自己很颓废,情绪上很失落。于是面对孩子的"缺点"或者"坏毛病"时,家长往往会把自己的不满情绪发泄到孩子身上。

(3) 专制式家庭教育让孩子成为羔羊。在一些家长的眼中,孩子听话、乖巧,让干什么就去干什么,才是好孩子,可是这样的孩子往往很少见。因为孩子生来就是活泼好动的、拥有好奇心的,在探索未知世界的过程中必然要伴随着好动的行为。但是这在一些家长看来就是大逆不道,结果打骂让孩子老实得像小羔羊,此时孩子的好奇心和探索心也开始慢慢消失,最后逐渐丧失了自信和勇气。

(4) 学校教育让孩子成了牺牲品。对于一些问题较多的孩子,老师经常向家长指责孩子。家长听到老师的指责和埋怨后,回到家,情绪就上来了,免不了对孩子一顿打骂。

(5) 家长教育手段单一,缺乏理性的教育方法。家长很少接受过全方位的家庭教育培训和系统学习，很多家长只能模仿前辈家长的方式来教育孩子。机械的模仿和照本宣科的填鸭式教育，让家庭教育手段更显单一。在单一化的教育方法中，打和骂便成了家常便饭。

❓ 关键帮助

打骂孩子貌似偶然的行为失控，其实不然。家长只有彻底改变自己的教育理念和教育方式，彻底改变家庭氛围和亲子关系，才能真正解决"失控"打孩子的问题。

（1）家长要切实转变家庭教育理念和方法。只有通过学习现代家庭教育理念和方法，在潜移默化中转变教育观念，才可能避免错误的行为。

（2）家长要构建民主的家庭氛围。很多家长在亲子教育的过程中忽略了一种积累效应，就是每一次打骂都会让孩子产生一种负面的反抗心理累积。可以说，孩子越被打越难管教。家长终有一天会发现，自己打不动了，孩子和家长越来越陌生了。如果想改变这种亲子关系，必须要改变粗暴、专制的家庭教育模式，学会尊重孩子，心平气和地与孩子坐下来交流。

（3）家长要学会倾听。孩子在成长的过程中，经常会问很多为什么，也经常会向父母诉说心中的所思所想、所见所感。很多家长缺乏这种倾听的耐心，更多的时候是以成人的心态和眼光来关注孩子，认为孩子的话没有道理。有的家长还会粗暴地制止孩子的交流，嫌孩子话多。学会倾听不仅能让家长了解孩子心中的困惑和想法，同时还可以让亲子关系变得更为和谐。当信任机制建立起来后，良好的家庭氛围就会形成。

（4）家长要学会情绪的冷处理。很多家长看到孩子出现问题后，很难冷静下来想想孩子为什么会这样做、为什么有这样的想法，而是盲目地通过情绪发泄来强行制止孩子，企图通过打骂、恐吓、威胁的手段让孩子知道那样做是不对的。试想一下，家长和孩子都处于一种非常糟糕的情绪状态下，家长的话还能够理性吗？孩子会听得进家长的话吗？所以，此时家长要给自己一个情绪缓冲期，当情绪平息了、心情转好后，再去找合适的机会和孩子进行交流。

（5）家长要学会赏识孩子。在教育孩子成长的过程中，很多家长忽略了对孩子优点的关注，而总是把目光放在寻找孩子缺点上面。如果缩小缺点、委婉暗示孩子自我改正，放大优点表扬孩子，效果就会完全不一样。这正应了那句话："好孩子是夸出来的。"

孩子缠着买东西，怎样巧妙拒绝他的无理要求

情景再现

李女士在"金战热线"中说：孩子各方面表现一直不错，学习成绩也一直很好。可是上高中后见到有同学玩MP5播放器，就缠着也要买，说是学英语用。李女士就给他买了，结果他学习成绩立马就降下来了。她发现原来孩子把网络小说下载到MP5中，整天都在看小说。她一气之下就把MP5给没收了。孩子不接受，开始是不吃饭，接着又扬言不给MP5就不做作业、不学习。李女士以为他只是说说，结果发现他回家真的不学习了。可是要想让他学习就得答应他的条件，把MP5还给他，然而这样还有什么教育效果呢？给还是不给呢？李女士

左右为难，不知怎么办好。

✓ 关键点分析

李女士收回MP5不能解决根本问题，单纯还给他也不能解决问题。其实，对这件事情完全没必要跟孩子搞得这么紧张，以致进退两难。当发现孩子因为用MP5看网络小说导致成绩下降时，李女士完全可以心平气和地跟孩子约法三章：用MP5可以，但是要恰当使用，要把它用在学习上；看网络小说可以，但要限制时间，不能沉迷其中；如果以上两点做到了，成绩也提上去了，MP5就继续由他保管、使用，如果做不到，就由家长保管。

? 关键帮助

孩子的一些不良行为如果不能及时被制止，就有可能形成不良习惯。所以家长不要事事顺着孩子，对孩子的无理要求要敢于拒绝。适当约束孩子、拒绝孩子，对孩子的健康成长大有裨益。巧妙地拒绝孩子，不但不会伤害他们的自尊心，也不会使孩子对父母产生怨恨，反而会提升父母在孩子心中的威信。

以下建议供家长参考：

（1）做事之前先与孩子定规矩。没有规矩不成方圆，好习惯来自于持之以恒的约束。父母要与孩子一起制定各种规矩，这是尊重孩子的体现，还能使孩子更好地了解父母的想法，孩子做起来就更主动，也会更符合父母的要求。制定的规矩应尽可能具体、可操作，以便于实施和监督。

（2）转移兴趣，引导孩子做一些有意义的事情。当孩子沉迷于一种不好的行为时，除了给孩子语言的告诫外，更要想方设法转移孩子的兴趣,用有意义的行为取而代之。例如,当孩子沉迷于网络小说时,可以到书店为孩子挑选一些有利于孩子学习和成长的经典文学作品,这样既满足了孩子读小说的欲望,又培养了他的阅读能力,也让他接受了优秀文学作品的熏陶。

(3)平静地对孩子说"不"。当看到孩子身上存在着"毛病"时,家长不能把愤怒表现在语言或行动上。当孩子无理取闹时,父母要用平静的口气表达心情和对孩子的要求。这样,孩子会从家长的语言、态度中了解到,家长的态度是诚恳而坚定的,任何无理取闹都是没有用的。

(4)说"不"就要坚持到底。对父母来说,最难的就是将态度坚持到底。你可以给孩子一些警告,也可以对他置之不理,还可以让孩子在某个地方冷静一下。但只要说了"不",就要坚持到底,不要半途而废,否则会让孩子质疑家长的威信。

父母是否可以看孩子的日记,发现问题怎么办

情景再现

王女士在"金战热线"里讲述了下面的事情。

一个月前她偶然偷看了女儿的日记,女儿的日记里除了记一些日常生活的小事外,还有对某个男同学的朦胧好感。自此,王女士便

寝食不安，每天都忍不住要翻看女儿的日记，可是看了后更加寝食不安，变本加厉，处处留心女儿，女儿与同学打电话时她都躲在旁边偷听。女儿发现妈妈的异常，也开始躲着妈妈。母女间逐渐出现隔阂。后来女儿在日记里表达了对妈妈的不满，抱怨她啰唆絮叨，让她感到透不过气来，甚至说妈妈"低俗"、"像个庸俗的家庭妇女"。

王女士没想到，原本乖巧的女儿竟然会这样看待自己，她感到很痛苦、很失望，更为女儿的现状担心，但是她又不知道怎么跟女儿谈这件事情。

关键点分析

孩子进入青春期，心理上会出现对成人的闭锁性和对同龄伙伴的亲近、开放性，更会出现对异性的朦胧向往，这都是很正常的。这些身体已基本发育成熟的"小大人"，觉得自己已经长大，渴望摆脱父母的约束与羁绊。此时，家长千万不要轻易"侵犯"孩子的心理空间，不要偷看孩子的日记，要学会尊重孩子，要留给孩子一块属于自己的"领地"。这块"领地"不在乎大小，而在乎其性质。

王女士跟女儿的关系之所以由和谐、信任走到这样一个尴尬境地，就是因为她侵犯了女儿的"领地"。

关键帮助

一方面，希望通过偷看孩子日记来了解孩子，这表明跟孩子的沟通一定出了问题。家长不应该挖空心思偷看孩子日记，而是应该考虑如何改进跟孩子的沟通方法，如何改善跟孩子的关系。

另一方面，现实生活中确实也有一些孩子自认为"我自己的事情，我能解决"，遇到困难不愿向父母倾诉，日积月累就会后患无穷。如果这时父母适当看看孩子日记，就能了解孩子的内心世界和真实想法，从而做出有针对性的指导。但这是一个非常严肃的举动，事前家长必须慎重考虑。

如果看了孩子的日记并且发现了一些问题，家长要做到以下几点：

（1）不要有过度反应。即便看到最意想不到的事情，也要控制情绪、冷静面对，而不是冲动地质问、责怪，甚至打骂。

（2）保证不让孩子知道。如果孩子发现父母在偷看自己的日记，会失去对家长的信任，也许会留下一生难以抹去的阴影。

（3）适可而止。日记是孩子的隐私，一旦了解了孩子的情况，父母就要立即停止这种行为，避免对孩子造成伤害。

（4）善于反思自己的行为。发现孩子的问题后，家长要冷静分析自身原因，并能做出改进。

（5）巧妙引出话题，正确引导孩子。既不能让孩子知道他的日记被看了，还能有针对性地解决孩子的问题，这就需要家长具备一些教子的智慧和谈话的技巧。谈话不要急功近利，不要一开始就显露出明显的目的性。不要急于解决问题，或是头疼医头、脚疼医脚，以免引起孩子的警惕和反感。只要能走进孩子心里，什么问题都可以解决。

9 学校老师时间紧，家长如何多与老师沟通

一个负责任的家长都希望与孩子的老师多沟通，希望从老师那里多了解孩子在校的情况，并听取老师的建议。但是，一个班里有几十个学生，老师工作繁忙，不可能有太多时间跟每位家长保持联系和沟通，怎样解决这个问题呢？

 情景再现

李女士在"金战热线"里叙述了自己的烦恼。

儿子上高中后学习成绩一直不理想，其他方面的表现也大不如前。李女士总担心儿子会出什么问题，所以一直在争取时间和机会跟班主任老师面谈。最初两次还行，她到学校办公室找老师，老师比较欢迎，沟通也比较顺畅。可是后来她再去，老师就找借口回避，有时候甚至像老鼠见猫一样躲着她。给老师打电话，老师一见是她的号码就拒绝接听。越是这样，李女士越怀疑儿子有问题，甚至怀疑老师已经放弃了儿子，于是越急于跟老师见面。现在她寝食不安，惶惶不可终日，不知如何是好。

✓ 关键点分析

李女士因为一开始跟老师的沟通方式不恰当,导致跟老师之间关系紧张,最终连跟老师沟通的机会都没有了。

家长不先掌握好孩子的实际情况就去找老师,抓住老师就啰啰唆唆没完没了,老师能受得了吗?一般情况下老师是愿意跟家长交流的,可是对于像李女士这样的家长,一般老师是避之不及。像李女士遇到的情况,恐怕不只是老师时间紧的问题了。

❓ 关键帮助

既然老师时间有限,跟每个家长交流的机会少,那么**家长跟老师交流就要有明确的目的,要注重效果。**家长要先跟孩子有充分的交流,对孩子的情况有基本的了解,然后带着问题有的放矢地去跟老师交流。

(1)面谈当然是最好的沟通方式。通过与老师零距离的沟通,让老师了解孩子在家里的表现,家长也可以通过老师了解孩子在学校的表现,这样双方更容易达成共识。在老师时间有限的情况下,家长应该主动跟老师预约。这样老师会提前安排时间,双方都有充分的准备,也会达到比较好的沟通效果。

(2)要充分利用现代通讯手段。如果没有时间面谈,可以通过电话或短信沟通,也可以通过网络聊天、E-mail的形式来联系。这些便捷的现代化交流手段,可以提高沟通效率,节省双方的时间。

有条件的学校会开设网上家长学校,或者建立班级网站,家长可以好好利用这些平台,跟老师的沟通就更加方便了。

10 老师经常诉说孩子的"不是",家长该怎样面对

客观地说,不是所有的老师对每个学生都是耐心细致的,老师甚至有时候在无意中会对学生造成一些伤害。如果发生这种情况,家长的态度和做法很重要。

情景再现

张女士通过"金战热线"讲述了这样一件事:

周一早晨女儿磨磨蹭蹭起床,眼看就要迟到了,张女士催促她,她竟然提出不去上学了。张女士再三追问为什么,女儿才说她不愿见到语文老师。张女士又问为什么,女儿嘴里一连串蹦出这么几个词:偏听偏信,欺软怕硬,无理霸道,十分可恶。听到这,张女士吓了一跳,怎么会有这么"十恶不赦"的语文老师?

原来,作文课上语文老师表扬了女儿的作文,还作为范文读了。结果语文课代表向老师反映说,这篇作文在哪里见过,不是原创的。语文老师就找女儿问这事,女儿百般辩解,可老师还是表现得半信半疑。语文老师说:"不要紧,有则改之,无则加勉。你的作文基础不错,但在班里也不是最好,这是事实,要正确面对。不管这次作文写

得怎么样,是不是你自己写的,希望你以后戒骄戒躁,扎扎实实,进一步提高自己的作文水平。"女儿有口难辩,从办公室出来越想越郁闷,一天都没好好听课,周末也过得无精打采。

张女士问女儿:"作文到底是不是你自己写的?"她这么一问,女儿眼泪就出来了,说:"原来你也不相信我!明明是课代表嫉妒我,说在哪里见过那篇作文,老师怎么不叫她找出来看看呀,凭什么相信她无根无据的话?"

张女士一听,就知道女儿确实受委屈了。可是她不知道怎么劝说女儿,也不知道怎么解决这个问题。

关键点分析

遇到这种情况,家长容易进入两个误区:一是为孩子感到愤愤不平,感觉跟孩子一起受了侮辱,准备冲上前去打抱不平,为孩子讨回公道;二是跟老师一样不相信孩子,站在老师的立场继续教育孩子、打击孩子,以为这样严格要求孩子有益无害,即使孩子没错,也可以防患于未然。其实这两种做法都是有害的:前者不能使孩子正确对待老师的做法,误解老师的动机,导致孩子失去对老师的尊敬和信任,最终的结果是使孩子失去学习兴趣,吃亏的还是孩子自己。后者无异于在孩子伤口上撒盐,让孩子受到更大的伤害,后果是让孩子不再坚守诚信,学会虚妄。

关键帮助

正确的处理方式是,家长要在孩子和老师之间起一个缓冲和桥梁作用。既要保护孩子的自尊心、自信心和积极性,又要帮助孩子积极跟老师沟通,搞清事实,维护老师的威信,维护老师在孩子心中的形象。

（1）让孩子宽容对待老师，告诉孩子人无完人，老师也会有失误。如果被老师错怪，不要把委屈憋在心里，要主动跟老师沟通，把情况讲明，老师会改变态度的。要让孩子坚信老师总是为学生着想，不会有意刁难哪个学生的。

（2）建议孩子暂时保持沉默，激励孩子更加发奋，取得更好的表现，以事实证明自己是诚实的、有能力的，让别人的怀疑不攻自破。

（3）启发孩子学会跟老师沟通，讲究说话技巧。要有真诚的心，还需要真诚的语言，这样才不会被别人误解，取得别人的信任。

11 孩子住校，家长怎样和学校有效沟通

如今，许多教育问题单凭老师个人的能力已经不能解决，需要家长积极参与。所以，学生家长应积极主动地与学校进行沟通，了解学生在校的情况，对住校的孩子更要积极与学校沟通。

情景再现

一位北京的母亲前来咨询，问孩子住校时应该如何跟学校保持良好的沟通。

她们家在通州区，离孩子就读的学校有30公里，实在太远，只有

让孩子住校。学校规模很大，一个年级就有22个班，每个班50人，离家远的学生都要住校。孩子住校后，母亲虽然很是惦念，想通过老师知道儿子在学校的真实情况，但平常不好意思给老师打电话，因为一是觉得孩子既然托付给学校了，老师自然应该照顾好孩子，二是怕老师嫌她多事。这位母亲说，如果老师能在百忙之中提供一些有关孩子的信息，让孩子回家时带给家长就好了，哪怕只是半页纸上的几行字。

关键点分析

家长可分为依赖型、旁观型、支持型、评价型、交际型、距离型等。有些家长会事无巨细地与老师交换意见；有些家长则持冷眼旁观的态度；有些家长会坚决拥护班主任的威信；有些家长会持审视、监督的姿态，发表议论，对班主任工作指手画脚；有些家长热衷于与班主任建立良好关系，希望孩子能从中受益；还有些家长会对班主任敬而远之，保持一定距离。

支持型家长是比较理想的家长，比较容易跟学校和老师建立和谐的关系。旁观型和距离型家长比较消极，可能是由于工作忙碌、文化上有差异、经济上有困难等因素造成的。评价型和交际型家长往往问题较多，前者容易对班级事务评头论足、横加干涉，会让班主任和学校难以应付；后者则会动用各种社会关系网来渗透、影响班级工作，有时还会干扰班主任处理班级事务。

关键帮助

家长要积极有效地跟学校沟通，一般需要做到下面几点：
（1）家长要克服单纯依赖学校的思想。不要以为孩子全托在学校就万事大吉了。家长有责任也有义务配合学校教育孩子，需要花一定的时间与精力考虑如何教育孩子，全面关心孩子的成长。

（2）家长要了解学校对孩子的要求。从孩子入学那天起，家长就应该了解学校有关学习、生活等方面的规章制度，了解学校的教学要求，以便主动配合学校，督促和帮助孩子完成学校的各项教育计划。

（3）家长要正确对待、利用好老师家访的机会。老师上门进行家访是工作认真负责的表现，是对学生的关心和爱护，家长应主动热情地接待，并利用好这次沟通机会。家长可以请孩子一起接待老师，这样有利于加深孩子对老师的感情。有的家长听到批评就皱眉头，强词夺理，偏袒孩子，当着孩子的面与老师争辩；有的家长故意当着老师的面责骂孩子，搞得气氛尴尬。这些做法不但不能帮助孩子认识错误，而且会激起孩子对老师的怨恨，使孩子产生对立情绪，给学校教育造成困难，从而影响孩子的进步。

单亲家庭孩子有心理创伤，家长怎样与他交流

单亲家庭孩子更容易出问题，而家庭教育的任务又主要压在一个人身上，所以家长的压力很大。要想教育好孩子，做好跟孩子的沟通是关键。

情景再现

有一位杜女士来信,诉说了她的苦恼。

杜女士跟丈夫离异,受伤的她曾一度对生活心灰意冷,可是想想就要长大成人的儿子,她内心又得到了安慰。她决心跟儿子相濡以沫,一起走好以后的路。可让她失望的是,儿子的话越来越少,对她越来越冷漠。她觉得这可能是因为儿子一时不适应家庭的变故,时间长了慢慢会好的。过了一段时间,儿子不仅成绩直线下降,还跟同学打架,把同学打骨折了。从此儿子变成了问题学生,麻烦不断,甚至有破罐子破摔的架势。

以下是一个孩子的来信:"爸爸妈妈从我读书起就一直吵着离婚,每天闹得家里像菜市场。家里还有哥哥和弟弟,他们很爱打架、抽烟、喝酒……因此,我成了父母眼中的唯一希望。在物质上,也许我比其他同学幸福得多,但我更渴望过平凡温暖的家庭生活。高中以来,我一直都是班里的倒数第一,我成了老师眼中几乎不存在的学生。在不克制中与几位男生交往过,前段时间还痛得生不如死……"

关键点分析

家庭破裂,受伤最重的是孩子。孩子对父母的行为和家庭的变故不理解,感情上也不能接受,情绪上会有一些波动,行为上有一些反常。另外,外界的压力也会让孩子产生一些消极情绪,时间长了甚至会转化成心理问题。

单亲家庭中,许多孩子在家庭变故几年之后,心理创伤仍难以愈合,他们往往会出现以下心理特征:

（1）内向、自卑。父母是孩子心目中的骄傲。处在一个没有父亲或母亲的家庭里，孩子自然没有了这份优越感。单亲家庭经济状况的变化，以及离异父母的长期冷战、争吵，都是造成子女自卑的重要原因。

（2）抑郁、冷漠。有的孩子失去父亲或母亲，心灵受到极大伤害，很长时间不能自拔，于是经常表现出闷闷不乐、容易悲伤、情绪低沉，甚至见到别的孩子在父母面前撒娇，自己心里就非常难受。于是自我封闭、我行我素，对周围的人和事漠不关心。

（3）不满、憎恨。有的孩子对父母的离异充满憎恨，憎恨父母不顾及自己的成长和感情。这种憎恨久而久之会扩展到对学校和社会生活不感兴趣，甚至对他人、对社会产生不满情绪。

（4）暴躁、易怒。有些单亲家庭孩子心情郁闷无处宣泄，于是表现为性情暴躁，遇事易冲动、好斗，所以会出现打架、斗殴等行为。

（5）嫉妒、敌对。因为自己家庭的不完整，他们嫉妒同学谈自己的父母、谈自己温暖的家。嫉妒使他们产生了一种羞于启齿而又十分强烈的敌对心态。他们不相信周围的人，常常把他人的善意批评或好言相劝看成恶意的举动。他们轻则置若罔闻，重则寻机报复，经常挑起一些带有恶作剧色彩的事端，有的甚至以戏弄或殴打他人为乐。

（6）偏激、逆反。单亲家庭中的孩子在群体中地位不高，容易成为别的孩子奚落和欺负的对象。然而他们也渴望尊严，渴望被人欣赏，于是在言行上便刻意地表现出与众不同，有时甚至喜欢"钻牛角尖、对着干"，以显示自身的存在价值。

夫妻离婚有他们不得已的原因，但作为家长，应该在争取自己权利的同时保护好孩子稚嫩的心灵，不要只顾着自己痛快而忘了孩子的需求。

> **关键帮助**

如果家庭破裂,家长要让孩子懂得这是父母之间的感情问题,要让孩子明白父母不是不爱他,只是这个选择实在出于无奈,先争取到孩子的理解和宽容,孩子才会慢慢接受这个现实。

要让孩子克服自卑,昂首挺胸做人。**告诉孩子,家庭变故不是他的错,甚至也不是父母的错。要让孩子相信,虽然家庭不再完整,但是父母对他的爱是完整的,是不会变的。**要鼓励孩子自强自立,早日成人成才。

在以上交流的基础上,家长还需要做到以下几点:

(1)家长要调整心态,尽快从感情的阴影里走出来。尽力为孩子营造一个良好的成长环境,尽量弥补家庭变故带来的缺失。

(2)帮助孩子建立良好的人际关系。包括鼓励孩子交友、为孩子创造交友环境和条件、为孩子交友提供建议和指导等。

(3)免除孩子的顾虑。让孩子认识到离婚只是父母不在一起生活了,但对他的爱是不会改变的,更不要让孩子感到父母离婚是他的错。不要在孩子面前否定对方。孩子毕竟缺乏辩证思考的能力,所以家长不要把大人的错误和憎恨埋在孩子幼小的心灵里,这对孩子的成长极其不利。

(4)家庭应有正常的社会活动。除常规的生活外,安排一些有趣的娱乐、休闲活动,尽可能地让家庭生活丰富多彩,使孩子没有生活在单亲家庭的孤独和不适感,享受到正常家庭中孩子的快乐。

有一句很经典的话:上帝也是单亲。引导孩子正确认识婚姻,不要把离婚当成不可告人的丑事,这样孩子就不会因此而感到自卑了。

13 孩子不懂宽以待人,怎样让他学会宽容

现在的孩子大都是独生子女,家庭和亲人给予他们过多的关爱和宽容,有些孩子非但没学会关爱和宽容别人,相反,这样的家庭环境和氛围恰恰使他们不懂得爱和宽容。他们习惯处于被关爱的中心,习惯于在家庭和亲友间呼风唤雨,从来不考虑别人也同样需要宽容。随着年龄的增长,心胸狭隘、心态灰暗越来越成为他们的问题,这不仅会影响到他们的学习和将来的工作生活,也会影响到他们和父母的关系。

情景再现

庄女士在来信中讲述了女儿的这样一段故事:

女儿有些内向、敏感、自尊心强,而她的同桌是个大大咧咧的女孩,经常"侵犯"她,要么借铅笔不还,要么写字时把胳膊伸到她的地盘。女儿心里很不高兴,可又不好说出来,只能憋在心里。后来她就越来越反感同桌,看她做什么都不顺眼,还总是暗暗跟她较劲,以致课也听不好,干什么都带着情绪,学习成绩也下降了。

✓ 关键点分析

孩子不懂宽容，是因为他不知道宽容有多重要——不知道宽容对别人有多重要，也不知道宽容对自己有多重要。这个女孩子成天为同桌郁闷不已，搞得无心学习，而同桌还不知咋回事，对她的不良情绪毫不在意，依旧乐呵呵地生活学习。一对比，就可以看出有一颗宽容之心是多么重要。

? 关键帮助

（1）告诉孩子，每个人都喜欢与自己性格相近的人相处，可是不论他到什么地方，总会遇到各种各样与他性格不和、不投脾气的人，但他又必须面对这些人，这就要求他学会心宽量大。

（2）告诉孩子要有同情人、帮助人的意识，要与同学进行真诚、平等的沟通交流，要融入周围的群体中去。

（3）告诉孩子要学会忘记。一位著名的心理学家曾经说过：善忘，是人生的一种佳境。要学会不计前嫌，尽快忘记他人的冒犯、挑剔，忘却遭遇的苦闷、挫折，忘却心头的误解、怨恨……把不快的事情尽早抛之脑后。

（4）告诉孩子多站在对方的角度考虑问题，多看看别人的优点，而不是死咬别人的缺点不放。学会尊重对方、关心对方、赞扬对方，不要不舍得开金口。在关系僵持或恶化的时候，一定要主动表示友好，不要爱面子、难为情。

（5）告诉孩子，宽容别人其实就是善待自己，是为自己留下宽广的空间。

14 孩子对父母感情淡漠，怎样让他学会感恩

现在的孩子被爱层层包围，几乎透不过气来，但又普遍感情麻木，对亲人感情冷漠，更谈不上有感恩之心了。有的家长不在意孩子会不会感恩，以为那关系不到孩子的前途。有的父母甚至慷慨地说，做父母的不需要回报。**家长不需要回报是一回事，孩子有没有感恩之心则是另一回事。**

情景再现

郑女士通过"金战热线"讲述了这样一件令她伤心的事情：

一天晚饭前，上高一的儿子竟然对姥姥大加斥责，原因是姥姥做的饭菜不合他的口味。姥姥躲在阳台上暗自落泪。郑女士控制住情绪，把儿子叫到客厅，问："你长这么大，你知道最该感激的人是谁吗？"

儿子对这个问题感到莫名其妙，见妈妈一脸怒气就没说什么。他考虑半天才说："最感激食物，不吃饭我长不大。"

"那饭是谁做的呢？"郑女士循循善诱。

"是姥姥做的，可是她做的饭这么难吃，难道我还要感激她

吗?"

"你姥姥一把屎一把尿把你拉扯大,现在又给你做饭,难道你不应该感激她吗?"郑女士有些动情。

"难道这不是她应该做的吗?"儿子一脸冷漠,"你做的那些也都是父母应尽的义务,难道你也要我感激吗?"

郑女士一时无语,半天又说:"那以后我老了的时候,你会赡养我吗?"

儿子想想说:"应该会吧,但那是我的义务,你也不必感激我。"

郑女士百思不得其解,这孩子为什么这么"冷血"?

有位母亲通过"金战热线"诉说了她的苦恼和委屈:

女儿上高二后学习吃力,成绩下滑,在家说话越来越少。为了节约时间让女儿专心学习,在生活上,她对女儿照顾得无微不至。到现在,她还是替女儿洗所有的衣服,可女儿对此没说过一句感谢的话。最让她伤心的是,有一次她见女儿放学回来闷闷不乐,就问她怎么了,结果得到的回答是:"滚,别让我看见你们!"

✓ 关键点分析

父母在孩子面前谨小慎微、做牛做马,成了孩子的奴仆,这样就能打动孩子、得到孩子的感恩和回报吗?未必。长久以来,孩子对父母这种廉价的爱早已经习以为常,以为这是天经地义的事情,无须感恩更无须报答,所以对父母的百般疼爱反应淡漠,表现麻木,心情不好的时候甚至会责怪父母打搅他,嫌父母多事甚至会指责父母。

❓ 关键帮助

并不是父母对孩子好，孩子就一定会感激父母。要孩子学会感恩，首先要让孩子懂得爱、学会爱。而要做到这一点，父母首先要学会爱孩子，要爱得恰当，而不是"泛爱"。有时候，父母的关心会成为孩子的负担和束缚，孩子不厌烦、不憎恨父母就不错了，如果再要求孩子感激父母就未免太"过分"了。

（1）要让孩子学会爱别人，让孩子懂得付出，让孩子承担起自己的责任，体验到生活的辛苦，这样他才能珍惜别人的关爱，体会到父母的良苦用心。

（2）要让孩子承担起自己的责任，让孩子学会感恩，家长要在生活中"主动示弱"。不要为了让孩子专心学习而对生活大加包办，这样不仅束缚了孩子的手脚，让孩子失去了锻炼的机会，更让孩子丧失了感恩父母的体验。

（3）要让孩子体验生活的酸甜苦辣，感受父母的良苦用心。孩子自己的事情让他自己做，不要替他做，这是最起码的。要让孩子学会对自己负责，不仅对自己的学习负责，更要对自己的生活负责，从小就培养孩子自主生活、自觉学习的习惯。在此基础上，父母的关爱才能触动孩子，才能在孩子心里得到回应。

不要以为只是给孩子做牛做马就能让孩子感激你，因为孩子最需要的不是这些。要得到孩子的理解和尊重，还要真正理解孩子，走进孩子的内心，成为孩子的朋友。只有这样才能真正和孩子平等交流，孩子才会向你打开心扉。

15 家长跟孩子之间无话可说，如何打破隔阂

处在青春期的孩子思想变化、情绪起伏都比较大，在家庭中特别容易产生抵触情绪和逆反心理，做父母的就很难和孩子进行语言沟通和情感交流。任其发展下去，家长跟孩子的隔阂只会越来越深，感情只会越来越淡薄。时间一长，孩子就很容易出现问题，甚至走上邪路。

情景再现

胡女士在"金战热线"中这样倾诉：

有一天她心情不好，丈夫又不在身边，想想女儿也大了，就想跟女儿聊聊。结果搞得女儿莫名其妙，问："妈，你没毛病吧，跟我说这些干啥？妈，你怎么不问我考试了没有，跟我说这些干吗？妈，你这圈子兜得也太大了吧，有话你就直说吧，我还忙着呢。"

胡女士伤心极了。都说女儿是妈妈贴心的小棉袄，女儿都这么大了，怎么一点不知道体谅、安慰一下妈妈呢？

高女士在"金战博客"里留言，诉说了她的苦恼：

儿子上小学的时候是个听话的乖孩子。上初二以后总的来说与父母交流得还不错，儿子能主动跟妈妈说心里话，也基本能接受妈妈的话，母子关系还算不错。

可是孩子自从进入高中，就跟以前大不一样了。放学回家后把房间门一关，自己在里面一呆就是几个小时。当妈妈的想搭句话都没机会，更别说交流了。

有一次，高女士以一起出去散步为借口，推开儿子的卧室门。儿子带着耳机边听音乐边看书，瞥了一眼妈妈，显然对妈妈的行为有些反感。高女士说："既然你不写作业，就陪妈妈出去散散步吧。"儿子看都不看她，说："我休息一会还要写作业。"高女士说："那正好散步回来再做，妈妈有些话要跟你说。"儿子嘴里发出"哧"的一声："有什么好说的呀，我可没那么无聊。"

高女士又生气又伤心又着急。凭经验，儿子心里肯定有事，拒绝交流肯定会出问题。儿子到底怎么了，难道她和儿子之间产生了代沟？

✓ 关键点分析

两代人生活的时代不同、社会环境不同，生活习惯、思维方式自然也不同，所以产生代沟是必然的。但是认识上的代沟是可以接受的，感情上不应该有代沟，更不应该以有代沟为借口，忽视两代人之间感情的隔阂。

? 关键帮助

跟孩子谈心交流，家长要有个恰当的心态，还要有个恰当的切入点，更要营造一个随心所欲的自然和谐的氛围。要随意一些，不要表现出明显的目的性。

（1）学会设计启发式问题。很多家长认为，只要家长说的话孩子听了，这就是沟通。家长应该注意和孩子沟通的方式和方法，学会设计问题，用问话的方式来和孩子沟通，尽量不要用陈述句，而要尽可能地让孩子说。提问具有很强的技巧性，家长在这方面应该加强。

（2）要改变跟孩子的交流方式。不要再企图做孩子的精神导师，而是要做孩子的知心朋友。不要只是急于为孩子排忧解难，而要向孩子敞开自己的心扉，真诚跟孩子交流。孩子得到了承认和尊重，就不会再拒绝交流。父母要放下高姿态，主动去了解孩子关注的文化、娱乐动态等，这样双方才有话可谈、有事可商。

（3）创造多元化的沟通渠道。家长不能仅仅立足于语言沟通的方式，应该采取多种方式与孩子沟通。孩子比较喜欢音乐，那就采取音乐的方式，循循善诱。家长的语言符号用多了，往往容易引起孩子的逆反心理。而多元化、新颖的沟通方式，容易增加孩子的兴趣和关注。

如果两代人都朝同一个方向改变自己，那么代沟还会存在吗？

跟孩子谈人生，如何说他才容易接受

现在的家长接受的大都是传统教育，深切认识到树立正确的人生观、价值观对一个人的成长是多么重要。当他们正襟危坐与孩子谈人生、谈理想的时候，当他们跟孩子探讨"人为什么活着"和"怎样活着"这种严肃问题的时候,得到的回应却往往是不屑一顾甚至是嘲笑。现在的孩子都怎么了?还要不要跟孩子谈人生?怎样谈?

情景再现

刘女士通过"金战热线",讲述了她教育孩子的故事:

刘女士的儿子上高二,学习松松垮垮,成绩不上不下,他的口头禅是"没劲"、"无聊"、"没意思"。儿子之所以是这种状态,一是因为对学习的兴趣不浓,二是因为生活没有目标、没有追求,而最根本的原因是后者。她觉得,只要儿子有了生活目标,学习起来就会有动力,整个精神状态就会为之改变。刘女士决定找个机会跟儿子谈谈人生。

周末吃过晚饭,刘女士想把儿子带到公园找个安静优美的环境,母子俩畅谈一番。可没想到儿子钻进卧室就不出来。两三个小时过去了,她进入儿子卧室一看,顿时就傻眼了,只见儿子两眼紧盯电脑屏幕"指挥千军万马血战正酣"。但刘女士还是控制住情绪,和颜悦色地再次跟儿子提出散步的建议。儿子看都不看她一眼说:"你烦不烦,没看我忙吗!"刘女士说:"我要跟你探讨一些问题。"儿子怪怪地看她一眼,说:"探讨什么呀?"刘女士想想,说:"儿子,一个人应该活得有意义,每个人都应该有自己的人生理想,这样才能活得有价值,生活才精彩,这个问题你考虑过吗?"儿子"嗤"一声笑了,转脸继续盯着屏幕,说:"幼儿园的时候我就思考过N遍了,我看您很适合做幼儿园阿姨。"儿子的傲慢无礼终于激怒了刘女士,开始大骂儿子。一场关于人生的谈话还没开始就这样结束了。

关键点分析

刘女士用心良苦,抱着美好的愿望试图跟儿子谈理想和人生,儿子的态度却让她大伤自尊。时代变了,环境变了,还想用原来的思维做现在的事情,当然做不成。

现在的孩子,在声光电的包围中成长,在快餐文化的熏陶下长大,他们的行为习惯、思想意识跟他们的上辈迥然不同。家长要用具有时代特征的思想和理念来教育孩子,而且方式和方法也应该与时俱进,如果拿老一套来对付孩子,孩子当然不买账。

关键帮助

(1)改变心态和观念,不要拿自己的价值标准来衡量孩子,不要把自己的价值观强加给孩子。

(2)多研究、多学习,帮助孩子建立起适应时代和社会发展的价值观体系。

(3)从孩子感兴趣的事物或者话题切入,举一反三,循循善诱,顺理成章地表达自己的观点和看法。

(4)诉说自己生活中的烦恼和困惑,倾听孩子的看法,与孩子建立一种平等信赖的对话关系,在跟孩子平等交流中表露自己的观点和看法,潜移默化地影响孩子。

(5)不要期待一次"严肃真正"的谈话就会带来实质的效果。教育无时不在、无处不在,重在生活的细节中,更体现在父母的身教言传中,正所谓"教育即细节"。

(6)跟孩子沟通除了要学会看孩子的"脸色",还要"硬着头皮"接近孩子感兴趣的事情。要习惯换位思考,并把握好与孩子谈话的技巧。要仔细地想一想,家长怎么说,孩子才能听进去。

帮助孩子学习并快乐着

关键词：重点高中 成绩下滑 特长培养 竞争 贪玩 激励 厌学 逆反 作业 补课 偏科 预习 效率 走神 开夜车 补习班 高考

孩子没有考上重点高中，态度消极怎么办

现在有种说法：上大学容易，考重点高中难。可见考重点高中的竞争压力有多大。多年来，中考生和家长对重点高中趋之若鹜。可现实是，由于优质教育资源的缺乏，每年都有大批初中毕业生无缘进入重点高中。这一结果对于初中时成绩优秀的学生来说，无疑打击更大，以致影响高中学习的积极性。

情景再现

一位高一男孩的妈妈几次拨通"金战热线"，不断诉说自己的担心和不满，询问如何帮助失落的儿子。

孩子初中就读于人大附中，成绩始终保持在年级前200名，满怀希望能留在本校就读高中，中考时却发挥失常，被另外一所也算不错的高中实验班录取。看到一些原来成绩不如自己的同学留在了本校，孩子心理落差比较大，不断抱怨考试的不公平。进入高中后，孩子对学校环境、学科老师、同学关系意见颇多，学习上基本是应付，完全没有了初中时的热情，而且自认为在这样的学校即使不学习也不至于太差。可不曾想第一次月考便下滑到班级第30名，孩子很难接受这一

事实，情绪十分低落，对一切活动都失去了兴趣，在学校对谁都爱答不理，也断绝了与初中要好同学的一切来往。家长试图帮助他，孩子却拒绝交流，甚至指责父母没本事把自己转到理想的学校。

✓ 关键点分析

有些孩子没能如愿进入理想的高中，难免失落、沮丧、自责，这是人之常情，这种状况尤其出现在成绩优秀的初中毕业生身上。中考的"失利"让他们产生了强烈的挫败感，以至他们升入高中后对自己的学习能力、智力水平甚至未来升学、就业等都产生了怀疑，甚至还无意识地抗拒新的高中生角色。有的孩子会闹着转学、调班等，有的抱怨命运不公，对未来感到迷茫，对前途丧失信心，这些对孩子发展都是十分不利的。

? 关键帮助

孩子中考失利，父母也往往会出现很大的心理落差，**而父母的情绪和对此事的态度直接影响着孩子的情绪和心态，关乎孩子今后的学业发展。**

（1）不必为没考入重点高中而耿耿于怀。孩子没有考入重点高中，可能是因为孩子的知识基础稍微薄弱，也可能是考试失常或心理素质方面还有欠缺。如果孩子在心理和学习能力上还没有足够的准备，即使勉强进入重点高中，也可能会困难重重。这一点可从有这般经历的家长电话中得到证实，那些一厢情愿、不惜重金把孩子送入重点高中的家长，到头来却未必如愿。所以，家长不必为孩子没能考入重点高中而耿耿于怀、忧心忡忡。

（2）允许孩子适当表达负面情绪。中考的不如意自然让孩子生出一些负面情绪,对此家长不必过于紧张。有时孩子说的一句丧气话,也许只是其情绪的宣泄罢了,而家长的反应往往过于悲天悯人,这倒恰恰对孩子的消极情绪和行为形成负强化,以致他们久久难以从中考失败的阴影中走出来。所以,家长要给孩子一定的空间、时间,允许其发泄负面情绪,并相信孩子有强大的自我修复能力。

(3)教孩子学会正确的归因方式。家长在真正理解、接纳孩子心情的基础上,要教会孩子正确的归因方式。让孩子知道,当考试失利时,尽量不要找客观原因,而是认真分析自己的问题。帮孩子学会正确地归因,有利于激发其学习动机,提高学习积极性,对孩子当前的学习状态和未来生活都有重要的意义。

(4)帮助孩子端正自我定位,形成正确的自我认知。要引导孩子放下中考的得与失,让孩子认识到:学习环境固然重要,但关键还在于个人的努力。只要不妄自菲薄、不丧失信心,在普通高中一样能实现自己的梦想。孩子升入高中如果迟迟不能进入学习状态,有时并非完全因为没能进入重点高中所致,而是与孩子对高中生活的适应性有很大关系。所以家长要主动寻求高中老师的帮助,针对孩子目前高中学习、生活中遇到的问题采取有效措施,以便让孩子尽快适应高中生活。

孩子上高中后成绩一落千丈,家长应如何鼓励

孩子满载着家长的厚望,带着对高中的新奇与憧憬,开始了人生

中学习的一个重要阶段——高中生活。但很快，家长会发现孩子好像变了一个人：脸上的笑容少了，跟家长说的话也少了。孩子每天面对大量的功课，心烦意乱，越来越觉得不知从何下手，完全没有了初中学习时的得心应手。尤其是考卷上从未考过的低分，让习惯于得高分的优秀生们郁闷不堪，让曾经在学习方面很有成就感的他们突然感觉无论自己怎么努力都赶不上别人，甚至产生退学的想法，这令满怀期望的家长困惑、焦虑、措手不及。

情景再现

郑州一位母亲打来电话，讲述了她的烦恼：

孩子性格开朗，从小学到初中一直是学校优等生，初中3年保持在年级前10名。今年顺利地升入省重点高中实验班，可开学一段时间后家长感觉孩子总是闷闷不乐。孩子学习劲头很足，每天学到十一二点，但言谈中不时流露出同学比自己强的想法，感觉压力很大，但妈妈总是不断鼓励孩子。第一次月考，家长和孩子都被浇了一盆凉水，原来有优势的学科才考了70分，物理竟首次出现了不及格。接下来母亲发现孩子学习时总发呆，半个小时也不翻一页书，而且情绪特别不稳定。母亲试着和她交流，她只是掉眼泪，并以功课紧为由回避交谈。

妈妈跟老师沟通了解到：女儿在学校也是沉默寡言，上课基本不回答问题，和许多同学合不来。孩子曾跟好朋友说：高中功课比初中难了许多，不论怎么下工夫还是跟不上老师的讲课节奏，每天只能应付。孩子所在的实验班里，多数学生成绩在年级前100名，每次考试过后，班主任总说个别学生成绩拖班级后腿之类的话，并找成绩下滑的学生谈心，警告他们小心被"下放"到普通班，这更让孩子感到紧张和自卑。

母亲很担心,可又不知如何是好,既怕交流不当挫伤女儿的自尊心,又怕就此耽搁毁了孩子。

一位同学来信说:"……还记得初中时,我是老师的骄傲,那时我的理想竟然是清华!之所以用了'竟然'二字,是因为对于现在的我来说,清华不是理想,而是梦想,甚至是梦。"

这位同学是以优异的成绩考入现在就读的高中的,但不幸的是,高中第一次月考她就排到了100多名,后来掉到了400多名。在信中她又写道:"我所在的班级是全年级最好的班,有优秀的老师、优秀的学习伙伴和良好的初中基础,我却变成了差生,曾经的理想是不是成了笑话?"

看到这位同学的来信,潇洒的笔迹书写出的却字字都是无奈,我无法抑制内心的感慨,想帮助她转变心态、重新找回自信的冲动促使我迫不及待地给她写了回信:

看到你潇洒的笔迹就能想象出你有多优秀!虽然字里行间流露出来的都是对自己的否定和失望,但仍然无法掩盖你的文采和上进心。如果不是对自己严格要求,你就不会对自己如此失望;如果不是一个积极上进的学生,你也不会千里迢迢写信来求助,老师说得对吗?

今天的失落和不自信,根本原因并不全在你的成绩上,更主要的是在你的心态上。如果你的成绩真的不好,为什么你会在全校最好的班级里?400名的名次看起来确实不好,但你忽略了很重要的数字:全年级近2000人!北大、清华每年招生大概有两三千人,如果你能在这两三千人中排第400名,你还会觉得自己很差吗?你只看到400名这个位置,却没有看到"参照物"。其实你的成绩并没有退步,只是周围的竞争对手比原来的实力更强了。下棋要找高手,学习也是一样,只有经常跟比自己强的人比较才会进步得更快，否则每天停留在沾沾自喜中，好成绩也不过是一片虚假的繁荣罢了。

别害怕暂时的落后，分数不过是检验你学习效果的工具。你的基础很好，只要能正确看待排名和分数，给自己制定明确的、够得着的短期目标，每完成一个就再给自己制定下一个目标，踏踏实实、坚定不移地朝着每一个阶段性目标努力，周围的同学都会成为你超越的对象。哪怕每天只超过一个人，一年后你就可以名列前茅了，高考时你将遥遥领先，无人可超了，对吗？……

✓ 关键点分析

案例中女孩出现的问题在高一新生中很常见，尤其出现在一些初中成绩优秀的孩子身上。一直以来这部分孩子都笼罩在"优秀生"的光环下，考试习惯于拿高分。可进入高中后，状况发生了改变。

高中功课的难度、学习强度有所增大，学习内容跳跃性更大，使他们一时难以适应，而且学习的竞争对手也更强大，教师的风格、方法迥异于过去，加上家长、老师对学生的期望过高等，都导致学生心情紧张，总担心考试会失败。一次考试成绩的下降就会引起他们巨大的恐慌，从而怀疑自己的学习能力、才智，产生自卑心理。如果家长再有抱怨和不理解，很容易导致孩子产生心理障碍。

? 关键帮助

"进了高中，我不再优秀"，这让很多孩子开始困惑迷茫。家长如何帮助孩子调整好心态、重新找回自信，就成了关键问题。

（1）首先家长要调整自己的心态，做孩子的榜样。没有一个孩子会成为常胜冠军，所以家长不要苛求孩子完美无缺、屡战不败。面对孩子升入高中后学习状态的改变、成绩的下滑，家长尽量不要表现出过度的担心和焦虑，因为家长的惊慌失措只会造成孩子更大的恐慌。家长以镇定的心情面对孩子诸多"不应该"时，无疑给孩子树立了榜样，也让孩子更有信心面对自己遇到的困难。重要的是要体谅孩子的处境，接受孩子的感受。当孩子发现父母理解他时，他的消极情绪就会降低，有时仅仅是一句善解人意的话就可以打开孩子的心扉，激发孩子解决问题的潜能。

（2）引导孩子重新定位，帮助孩子重树自信。要帮助孩子认识到，自己所遇到的"进了高中，我不再优秀"是很多高一新生的共同感受。学习成绩暂时落后并不意味着自己的退步，只是因为环境变化了，竞争比较的范围发生了变化。无论过去学习成绩如何，升入高中后大家又都处在同一起跑线上。高中三年有足够的时间提升自己，何必为暂时的落后而沮丧呢？

（3）寻求专业老师对孩子的学习方法加以指导。孩子曾经优秀，说明他有优秀的潜质，目前学习上遇到的困难往往是学习方法的问题。如果有必要，可以寻求有经验的老师的帮助，使孩子尽快掌握高中的学习技巧、调整学习方法，从而更好地适应高中的学习、生活。

孩子成绩排名靠后，自暴自弃怎么办

有些孩子上进心很强，面对失败会产生更强烈的拼搏意识，从而扭转不利局面。但也有孩子在屡次拼搏却无法品尝到胜利果实的情况下，会放弃进一步的争取，就此消沉，一蹶不振。面对自己的"差生"子女，家长应该怎么办？

情景再现

有一对夫妻，两人都是当地重点高中的老师，但孩子却是"差生"。

其实，他们的孩子非常听话，小学时成绩还属中上游。初中起，成绩就开始滑坡，班级一共50人，连进前30名对他们来说都是一种奢望。

为了帮助孩子改变糟糕的学习状态，夫妻俩煞费苦心，还专门请了家教，夫妻俩只要有空就辅导孩子，寒暑假让孩子到外地参加各种训练营，但这些并未让孩子的学习成绩有所提升。母亲在邮件中写道："如果孩子智力残缺，父母也就认了，可他是一个智力正常的孩子。所有的招数都用过了，我们感觉任何办法对他都不起作用。哪怕他能有一次考进前30名，我们的心血也不算白费。"

中考时，孩子的分数离录取分数线差了将近50分，由于是教师子女，得以进入高中学习。暑假里，父母找了所有学科老师，帮助孩子预习新课，满心希望进入高中后孩子的学习状态能有所改观。孩子自己也信心十足，急切等待着开学后展示自己的机会，可现实对孩子和父母又是一次打击，期中考试时，孩子依然落在班级后几名。面对出类拔萃的同学，孩子信心日减，原本擅长长跑的他，现在连学校运动会都不愿意参加。因为在他看来，学习成绩不好，跑得再快也丢人，爸妈也没面子。

现在孩子不想上学了，认为自己本来就不是学习的料，央求爸妈不要为他费心了。父母一再劝说，他才勉强留在学校。可父母感觉孩子很痛苦，家长更是苦不堪言，渴望能扭转这种局面。

关键点分析

家长望子成龙心切，面对"差生"子女，恨不得一夜之间扭转乾坤，使孩子由"差生"变成"尖子生"。但遗憾的是，这种可能性几乎为零，比买彩票中五百万奖金的概率还要低。许多家长因此一筹莫展。其实，要从根本上解决这一问题，需要两个前提。

（1）需要取消"差生"的概念。所谓的"差生"，不过是一些学习方面出了问题的孩子。除此之外，他们和其他孩子一样，有自己的兴趣爱好、喜怒哀乐和人格尊严。当家长把他们当成"差生"看待时，已经先给了他们不公正的对待，这只会使他们距离家长的愿望越来越远。

（2）家长应该接受这样一个观点：对于一个孩子来说，学习固然重要，但这并不应该成为他生活的全部。高考是很重要的一座桥，但它并不是通往成功的唯一的桥，孩子有权利也有可能在其他方面成为一个杰出者。

基于以上两点，家长才能坦然地面对孩子，帮助孩子走出"差生"的阴影。

关键帮助

对于学习上暂时出现问题的孩子，我们更愿意叫他们"学困生"。他们只是由于各种各样的原因，在学习方面落在了同学的后面。这并没有什么不正常的，就如同班级里会有学生身体不好、唱歌跑调一样，**我们不应该用异样的眼光来看待他们，更不能轻易就把他们归类为"差生"。作为家长，更不能因此而吝啬表扬、亲情和爱，因为这样无异于让孩子的处境雪上加霜。**

家长应该尽可能地去发掘孩子身上的长处，鼓励孩子积极参与各项活动，使之能够在学习之外找到自己的位置，进而激发他们学习的热情。带着这样的热情，孩子会发现，学习并不是那么枯燥和无趣了。

为了增加升学优势，孩子是否一定需要培养特长

目前我国的升学考试制度，特别是高校自主招生政策，使得学生的特长学习偏离了应有的方向。为了能够让孩子在升学竞争中更有优势，孩子的特长学习带有了极强的功利性，原本用来丰富生活、培养兴趣的特长学习，反倒成为孩子的负担和压力。如果孩子没有特长，就意味着要在竞争中处于弱势地位吗？这是很多家长的困惑。

情景再现

天津一位高二女孩的妈妈给金战网写来邮件叙说自己的困惑。

孩子上小学时，妈妈曾想让她参加某些特长班，但孩子不愿意，就没有强求。

孩子上初中后，功课任务更重了，父母也感觉再学特长已经晚了，因此这个问题就放下了。

孩子上了高中，父母忽然意识到，孩子没有一技之长很可能在高考升学中没有竞争优势，因而懊恼不已。这次期中考试，孩子总分只

考了410分，老师认为根据孩子文化课成绩，高考上二本都很困难，建议选择高考走特长。老师的建议更引起了母亲的伤痛，为此焦虑不安而求助于金站网的老师。

✓ 关键点分析

所谓特长是指"特别需要培养的长处"，只能根据孩子的个性特质、兴趣爱好加以指导，而不应仅仅成为孩子竞争中取胜的砝码。对于特长学习，如果孩子有意愿，家长不妨给孩子创造机会，丰富孩子的业余生活。

? 关键帮助

孩子有特长固然好，但如果特长学习只是为了将来的升学加分，而孩子本身并不感兴趣或觉得不能给自己带来快乐，或者家庭条件不允许，家长也不必强求孩子一定学习特长。 家长对孩子特长学习的难以释怀以及过度焦虑和自责，不仅于事无补，而且可能影响孩子的情绪，容易导致孩子自怨自艾或苛责家长，这对孩子的成长和发展是不利的。

拥有特长固然是优势，但没有特长也不意味着在竞争中就处于劣势。决定孩子一生发展的是个人的综合能力和心理素质，而绝不仅仅是个人的特长。

在培养孩子特长方面，家长应该细心观察，发现孩子的兴趣点，帮助孩子确定未来发展的方向。社会文明程度越高，社会对人的能力和素质的要求就越高。家长应该把着眼点放在培养孩子的综合能力和个人素质方面，注重培养孩子健康的心理素质、承受失败和挫折的能力、与人协作的能力、实践能力等，这比单纯的特长培养具有更重要的意义。

孩子满足现状，学习缺乏竞争意识怎么办

现代社会竞争无处不在，无时无刻不压在每个人的心头。为了不让孩子输在起跑线上，家长带领着孩子从小学起甚至更早就开始迎接竞争，体验着适者生存、不适者被淘汰的自然法则。从考试按分排名分班、小升初择校到重点高中、普通高中分流，学生之间的竞争被演绎得近乎残酷。

情景再现

北京刘女士的儿子在某区重点中学，性格开朗、孝顺、懂事、多才多艺，人也长得标致，是校学生会主席、区级优秀学生干部。儿子如此优秀，家庭关系也和谐融洽，令亲朋好友无不羡慕。

面对别人艳羡的目光，刘女士却始终快乐不起来，因为儿子的学习成绩始终在班级10~15名之间徘徊，尽管刘女士曾尝试很多方法激励儿子，可儿子好像在学习上根本没有竞争意识，任凭其他同学如何发奋学习、你追我赶，好像跟他都没有关系。小升初成绩跟儿子相仿的一个孩子，现在稳居班级前3名，可儿子对这件事无动于衷。

既担心儿子的这种学习状态持续下去，又怕过分强调学习竞争会

增加孩子的负担，搞僵亲子关系，刘女士左右为难。

✓ 关键点分析

案例中的儿子已经十分优秀，可妈妈并不满意。妈妈对儿子所谓没有竞争意识的评判，仅仅局限在学业方面，完全忽略了孩子其他方面的优秀。其实这是家长内心深处的攀比心理在作怪，只是自己没有意识到，而且这种比较是按照家长自己选择的评价标准盲目进行的，忽略了孩子的个性差异，对孩子来说是不公平的。苛刻的要求会严重挫伤孩子其他方面的积极性，最终导致孩子丧失个性。

? 关键帮助

竞争意识是孩子学业进步的必要因素，家长们希望孩子尽早了解竞争的意义和重要性，树立竞争意识，以便将来能够在社会上争得一席之地，这种想法无可厚非，但**如果家长过于功利化，竞争可能就会成为孩子的负担和束缚，这是家长在教育过程中要极力避免的，否则孩子将成为竞争的牺牲品。**

（1）家长切忌将自己的意愿强加给孩子。孩子之间的差异并不意味着差距。每个孩子都是独立的、不同于其他人的唯一个体，家长需要尊重并保护孩子间的这种差异，否则就会导致孩子个性的泯灭，成为模式化教育培养出来的批量产品。那样，孩子在未来生活中才真正失去了竞争优势。

（2）家长要真正克服攀比心理。不少家长所说的"孩子没有竞争意识"，其实是家长的一种攀比心理，而这种攀比更多的是针对孩子学习和成长层面的问题。家长要全面看问题，千万不要用别的孩子的长处来比自家孩子的短处。即使自己的孩子与别人有差距也不要太着急，用平常心看待孩子某方面或暂时的不足，多给孩子一些肯定和赏识，争取让孩子在强的方面更强、不足的方面逐渐改进，孩子才能不断增强自信，从而更有信心走向充满竞争的社会。

（3）着力培养孩子完善的个性。一个人的竞争意识和能力，跟他的个性密不可分。就像案例中的男孩，兴趣广泛、个性突出，他的竞争意识和竞争能力要强于很多同龄人，但愿孩子身上蕴含的强大竞争力早些被妈妈看到。

对于确实由于性格原因或曾经历过一些挫折导致孩子退却畏缩、不敢主动争取、唯恐再被伤害的情况，更需要家长坚持鼓励、积极指导，帮助孩子逐渐认识到竞争最终都是与自我的较量，战胜自己就能所向披靡。

学习竞争激烈，怎样让孩子正确对待同学竞争

孩子升入中学，会明显感觉学习上的竞争对手增多，这种情况在重点中学表现得尤为突出。过于强烈的竞争意识，会使少部分学生为了能够在竞争中取胜而采取一些破坏性的行为，战胜同学时就沾沾自喜、目中无人，而一旦落后就心生怨恨，自卑嫉妒。很多学生把同学间学习上的竞争看成难以承受的压力和负担，令父母焦虑不堪。

情景再现

吉林一位妈妈忧心忡忡地拨通热线，诉说她的烦恼：

读高二的儿子张弛突然提出要调班，并向学校申请走读，家长不知是否该答应儿子的要求。儿子就读于一所省直重点高中文科实验班，学习成绩在班里始终排在5~10名之间。班里有一名男孩跟儿子来自同一所初中，他们俩中考时都以高分进入这所学校，当时儿子的成绩略高一筹，尤其是数学成绩比那个男孩要高许多。这引起那个男孩心理的不平衡，每当张弛学习时，他就在旁边说风凉话，导致其他同学对张弛也有看法，甚至以他为敌，搞得张弛心烦意乱，难以安心学习。那个男孩的成绩却稳步上升，高一下学期期末，成绩进入班级前三，数学成绩也超出张弛一截。这让张弛难以接受，情绪很糟糕。

家长焦虑中找到班主任，希望老师调和一下两个孩子的矛盾，没想到老师让张弛学得宽容些，而且还把儿子调到了最后排。妈妈对老师的做法难以接受。

关键点分析

竞争的意识早已深入孩子们内心，特别是升入高中后"考大学"的奋斗目标，更强化了学生的竞争意识。可如何去竞争、如何面对竞争对手，却常常困扰着孩子们。

学校里，不排除有少部分学生别有用心地扰乱别人学习，为了取胜而恶性竞争，这样做往往失去的是自尊和信誉。如果勤奋努力学习只是为了追求高分、名次，为了超过他人，会让孩子滋生保守、嫉妒等不良心理，从而影响学习潜能的发挥。案例中的孩子假若真的调班，他就能释怀吗？眼睛看不到这个对手了，可内心放得下吗？那个男孩对他情绪乃至学习的影响能消失吗？

> **关键帮助**

对于中学生而言，适当的竞争是不可或缺的。竞争是把双刃剑，良性的竞争促人奋发进取，而破坏性竞争只会伤人害己。所以，**家长在引导孩子参与竞争时，一定要把握好尺度，不仅要让孩子理解竞争的意义，树立竞争意识，更要让孩子在竞争中学会宽容，促进孩子的心智成熟。**

（1）教育孩子正确看待竞争。让孩子认识到竞争已成为生活的一部分，有竞争就有输赢，要勇于面对，成败都是暂时的，更为重要的是个人在竞争过程中所获得的内心体验和心态调整。面对竞争对手，决定胜负的关键是与自我的较量。竞争中一味地责备别人，把自己的失败归罪于别人，难以平息的怒火只会导致更大的惨败。

（2）鼓励孩子追求卓越。家长要指导孩子克服不当的竞争心理和行为，鼓励孩子多方面竞争，正确评价自己，不能仅仅为学习的进步而牺牲其他方面的成长。学习上的竞争绝非是为了战胜同学获得好名次，而是为了收获学习的喜悦，促进自我的发展和提升。

孩子贪玩不思进取，怎样激励他

经常有家长来信或者留言，说自己的孩子上中学了还很贪玩，不思进取。家长着急上火，孩子却并不当事。

情景再现

有个初中生的家长来咨询，他觉得孩子学习不好，担心这样下去会影响中考，所以想给孩子做一对一的辅导，把各科成绩都提高一下。可是孩子就是不同意，家长说这孩子没有上进心，就知道玩，希望我能帮他说服孩子。

不能偏听家长的一面之词，于是我先看了看孩子的各科试卷，果然孩子成绩确实不好，不仅仅是偏科。为什么这样的孩子死活不愿意接受辅导呢？我把孩子叫到一边，问他："你自己也觉得不太好，那你为什么不参加补习呢？"

他答："不愿意学。"

我接着问："为什么不愿意学呢？"

他说："懒，学不会。"

我忍不住笑了："还真坦诚啊！那如果老师愿意帮助你提高呢？"

"嗯……"他想了想，没说出什么。

于是我又说："我找一个特别强又特别有耐心的老师帮助你提高成绩。他的水平可高了，能让你一个月内就提高好多分，到期中考试的时候你的成绩就会突飞猛进，你就会像一匹黑马，一下子在班级里突显出来，让老师大吃一惊，让所有同学都对你刮目相看，你想要那种感觉吗？"

这一次，他非常坚定地点点头："嗯，想！"

他爸爸在旁边看到孩子点头，高兴得合不上嘴。我赶紧给安排了一个既有经验又有耐心的老师，果然孩子在期中考试中，由原来的40多分提高到70多分，还"遭到"了老师的表扬。后来我跟辅导老师交流,他告诉我,其实他可以让这孩子考得更好。一些解题技巧还没有教给他,只加强了他的基础知识,目的是为了让他感受成功的喜悦时不要觉得成功来得太容易。

关键点分析

通过说服这个孩子接受辅导这个过程,我发现,其实每个孩子心中都有理想,都不甘心平庸,只是他们需要帮助,有人在前方为他点亮一盏灯,让他看到目标、看到希望,这样他才愿意坚定地走下去。

在我看来,孩子甘于平庸的原因有以下几点:

(1)缺少家长的鼓励和成就感。成就感恰恰是最强的内驱力,对于性格比较倔强的孩子来说,批评只会让他们产生逆反心理,"你不是觉得我不好吗?我就做得更不好给你看",或者"反正不管我怎么做你都觉得我不好,那我就干脆不做了"。

(2)让孩子上进是需要氛围的。如果孩子所在的班级有"勇夺第一"的班风,孩子会受到感染,也会变得积极努力。如果家长每天给孩子讲的都是积极上进的故事,自己在工作和生活中也有"努力做到最好"的精神,孩子一定会耳濡目染,受到启发的。就怕家长每天把孩子赶到自己房间去学习,家长则拿起遥控器不停地调台看电视;家长在单位工作成绩平平,却把扬眉吐气的希望寄托在孩子身上。这样孩子除了感到不公平外,恐怕什么也不会做。

(3)社会大环境使然。现在的孩子要什么有什么,物质需求得到了极大的满足,几乎没有什么渴望,没有渴望自然不会有追求。所以对孩子的要求适度地满足是应该的,而无限地满足孩子的要求是绝对不行的。

❓ 关键帮助

要让孩子不甘于平庸，就要唤起孩子的激情和欲望。我建议家长做到以下三个"代替"：

（1）以肯定和赏识代替批评和否定，增强孩子的自信。在生活和学习当中，孩子不管是有意或无意，哪怕是一点微小的进步，家长都要及时地给予表扬，哪怕是一点长处，家长都要给以明确的肯定，特别是在别人面前适时肯定孩子的长处。对孩子在学习和生活当中暂时的落伍不能过早地否定，因为努力当中不言败；更不能因一些小小的失利而贬低孩子的能力，因为孩子生活和学习的路还很长，不能把孩子向上的冲劲早早地扼杀。

（2）以支持和引导代替训导和堵塞，培养孩子的自主意识。许多家长以年长和经验丰富自居，喜欢按照自己的理想模式来要求孩子，很少顾及孩子的感受。这样不但不能达到理想的效果，反而抹杀了孩子的自主意识，阻碍了孩子自主能力的提升，同时会增加家长对孩子的失望感，无形中加深了两代人之间的思想鸿沟。因此，不妨用站在孩子背后的支持代替站在孩子面前的训导，对孩子的一些不良行为以科学引导代替强行堵塞，给孩子广泛的自主发展权，充分拓展孩子的思维空间和行为空间。

（3）以关注和热情代替放任和冷漠，使孩子能够自觉自律。不管自己的孩子是优秀还是顽劣，都要以极大的热情予以关注，放任不亚于对孩子的放弃，冷漠只能把孩子推向更远。孩子如果觉得连自己的父母都对自己失去信心，那他会更加沮丧。优秀的孩子在学校、在家庭中都已受到了足够的关注，而暂时落后的孩子在学校受到的更多的是冷漠和批评，他们才是最需要被关注的孩子。所以，家长必须以极大的热情千方百计地弥补孩子这种精神上的渴望，全方位地寻找孩子身上的闪光点，点燃孩子自信和努力的希望，培养孩子自觉自律的习惯意识。另外,家长要做孩子的好榜样,可以把自己努力完成的事讲给孩子听,让他感受到家长做事时的认真和执著,慢慢地成为孩子心目中的偶像。

孩子厌学,对学习有逆反心理怎么办

家长总会不厌其烦地告诉孩子学习的重要性,希望能够激发孩子的内在学习动力,期待孩子能够好好学习。而现实却往往与家长的美好愿望相去甚远,很多孩子被学业问题所困扰,越来越多的父母为孩子的厌学情绪而苦恼,很多家庭因孩子的学习问题而远离了幸福与和谐。

情景再现

一个母亲在"金战博客"上留言:

女儿明年就要参加高考,可国庆节后却突然提出不想去学校了。请假休息两周后,孩子竟明确提出退学的想法。任凭家长威逼利诱,老师、亲朋好友规劝都无济于事,女儿退学的决定令一家人乱作一团。

女儿高中前乖巧听话,在父母的"监督"和陪伴下学习一直处于上游水平,可以说高中以前女儿一直都是他们的骄傲。孩子全面发展,尤其酷爱绘画,曾在市中学生书画大赛中获过一等奖。孩子曾提出想学美术专业,可家长认为美术生将来就业困难,所以只允许她把绘画当做一项业余爱好。

中考时，孩子以优异的成绩考入市重点高中。进入高中后，家长认为女儿继续学习绘画势必影响文化课学习，于是断然决定终止孩子的业余绘画课，希望她凭借文化课考上重点大学。然而这样的决定却让孩子像变了个人，学习失去了兴趣和动力，成绩一路下滑，情绪也变得烦躁、敏感多疑，跟家长几乎不交流，时常因父母督促其学习而争吵。

✓ 关键点分析

女孩的退学选择令人惋惜，也需引起家长的关注和思考。孩子之所以执意退学，一方面是因为升入高中后学校里高手云集，自己成绩不再突出，导致她对自己的学习能力和将来的升学产生怀疑；另一方面是被家长强行终止了喜爱的绘画课，丧失了对学习的兴趣。父母只关注孩子的文化课成绩，完全忽略了孩子的内心感受。

学习的真正意义究竟是什么？孩子不得而知，很多家长也说不清楚。当孩子不明确自己学习的目的是什么时，就难以像父母所期待的那样努力学习，取得理想的学习效果当然是很困难的。如果家长一味强调孩子的学习成绩或一味按自己的价值标准来设计、规划孩子的前程，不顾及孩子的内心感受和需求，就会导致孩子丧失学习兴趣，引发压抑、逆反、怨恨等负面情绪甚至会出现用放弃学习来对抗家长的期望等过激行为。

❓ 关键帮助

可以说，为了激发孩子的学习动力，家长煞费苦心，苦口婆心地劝说，甚至许以丰厚的物质奖励等。其实真正的学习动力并非来自周围环境和外界的压力，而是来自于孩子的内心。兴趣才是保持长久学习动力的源泉。

（1）潜移默化地让孩子懂得学习的真正意义。要让孩子自己去感受学习的意义，而不是照本宣科讲大道理。孩子只有意识到学习的意义，才会有决心、有动力来学习，才会在面对困难和挫折时学会战胜困难。

（2）从情感和心理方面支持孩子。家长要力图避免按照自己的价值观来评判孩子的行为，尝试从孩子的角度理解他们的情绪和行为，尊重他们的选择。鼓励孩子在自己喜欢的领域下工夫，体会学习的快乐，并让孩子认识到，想在某一领域取得成绩需具备必要的综合素质，从而帮助孩子将兴趣迁移到其他学科。父母情感方面的支持越深厚，越有利于内化成孩子的精神动力，持续不断地提高学习成绩，也会让孩子终生受益。

作业如山，如何帮孩子巧用题海战术

面对堆积如山的作业和习题，一方面，孩子因没有足够的时间去完成而苦恼；另一方面，虽然做了数不胜数的题目，可考试时还是不得要领，频频"卡壳"，成绩依然平平。

情景再现

一位家长打来电话说：

孩子平时学习用功，经常翻来覆去地做习题，有时熬到深夜，但是考试成绩一直没有起色。同时，家长发现孩子很害怕考试，既担心考试时会做的题做不对，又担心考试时会出现自己没做过的题。别人一小时就能完成的试卷，孩子却需要多花两三倍的时间。看到同学比她做题多的时候，孩子更加着急。孩子学得很辛苦，从心底开始厌恶学习，这种情绪导致她学习效率低下，虽然看似在学习，其实是在发呆。

关键点分析

对于做题的效率，可以从两方面理解：一是指学生正确解答问题的速度，二是指通过做题掌握的某一类题型的解题思路和技巧，能够自如解决相似的题目。

影响孩子做题效率的因素有很多，有些因素通过训练是可以得到改善的。只有熟练掌握了所学的内容以及基本解题思路和方法，并将知识点有机地连接起来，孩子的思维才会愈加开阔，才能够大大提高解题效率。案例中的女孩，一味花费很多时间做习题，却忽略了基础知识的夯实和解题规律的总结，因而导致学习效率低下。

另外，考试时出现没见过的试题是绝对正常的，否则说明考卷的质量本身有问题。只有平时加强做题效率的训练，才能更好地适应考试的节奏和紧张氛围，沉着面对试卷上熟悉或陌生的题目，以保证正常水平的发挥。

关键帮助

做习题不能仅仅关注做了多少题，而是需要通过做题，训练自己对基础知识的熟练程度，提升单位时间内正确解题的数量，这才是提高做题效率的关键所在。

（1）筛选典型性的"好题"。题海茫茫，学习的参考资料也是良莠不齐，所以做题一定要精选参考资料。题目都是靠知识点或知识系统串起来的，首先应确定自己需要强化的知识点和知识系统，然后围绕这些知识点或知识系统来选择题目。类似的题不要选择太多，抓住典型的题目进行练习，会让学习事半功倍。

（2）总结解题的规律和技巧。在做题过程中要掌握知识点的衔接，巩固需要强化的知识；同时要注意题目的归类，解题过程中把握好某种题型的解题思路和技巧；要整理好错题集，对于做错的题，需要认真思考——是知识点掌握不清，还是解题思路不明晰，还是马虎大意，分析之后再做一遍以加深印象，保证这一类型的题再次出现时不再做错。

（3）加强限时训练。家长可以帮助孩子有针对性地进行做题时间设定。比如，可以尝试把每天各科的作业分成若干部分，每一部分在限定时间内完成。这样的限时训练不仅有助于提高做题效率，也有利于保证学生考试时正常发挥个人水平。

（4）在做题中提升应试能力。做题时要着力锻炼自己的解题技能，提高应试能力。要学会把平时的做题练习当做考试，体验考试时的状态，以更好地适应考试的节奏和紧张氛围。

另外，新课程改革后，考试题目灵活性加强，开放性试题增多，学生在平时也要加强这方面的训练，以便能够得心应手地应对考试。

Part 4 帮助孩子学习并快乐着

10 孩子奋起直追，先学新内容还是先补旧内容

情景再现

一位家长打电话咨询：

孩子在整个初中阶段学习不用功，成绩始终在中游徘徊。当时家长认为男孩子贪玩，等年龄大点或者读了高中，学习任务加重，孩子自然就知道学习了。

升入高中后，家长明显感到孩子想用功学习，孩子提出让家长帮助找老师给他补习，对此父母当然是求之不得的。于是就请了所有学科的家教，孩子也主动减少娱乐时间。现在孩子的业余时间几乎都被学习占尽，然而收效却不理想。为了把高一知识打扎实，暑假里家长还让孩子参加了中考的衔接班，为此孩子很恼火。原本活泼、开朗的儿子变得少言寡语，跟父母的关系越来越糟。孩子马上升高三了，如何帮助孩子尽快赶上功课，父母对此苦恼不已。

关键点分析

中学生面对骤然增加的学业压力，几经努力不见效果，就会产生

畏怯心理。而父母的心情往往更加急切，忽略了孩子的情绪感受和心理承受能力。在孩子燃起学习热情之时，新旧学习压力一股脑儿地堆到了孩子身上，超出了孩子的承受能力，结果适得其反。

❓ 关键帮助

孩子的学习和父母的帮助都要讲究科学性。案例中孩子父母的急迫心情可以理解，但是越是心情急迫，越是要注意手段和方法的可行性。任何事情都不能一蹴而就，学习尤其如此，它是一个循序渐进的过程。

如果孩子在学习过程中有落下功课的话，家长要根据孩子的接受能力以及不同学科的特点，有针对性地安排补习旧知识和学习新知识，在不过多增加学习强度的前提下，帮助孩子完善知识结构。对于学习新知识和补习旧知识哪个应优先进行，不能一概而论。

对于像数学这样前后知识联系紧密的学科，前面知识的缺失直接影响后面的学习，因此，补习旧知识就显得非常急迫。最好利用假期等大块时间集中完成，使孩子头脑中有一个完整的知识系统。同时，在学习新知识的过程中，还要不断对旧知识进行巩固、强化，使孩子对知识真正地融会贯通。

而对于像语文、历史这样的科目，虽然前面知识的缺失也会对后面的学习产生影响，但影响不大，如果孩子时间、精力不允许，就不要急于补习旧知识。最好一边学习新课程，一边有计划、分步骤地安排旧知识补习。可以将补习时间分散安排，不同学科交替进行，避免因集中学习使孩子产生厌倦感。

总之，家长要根据孩子的具体特点，有计划地安排，处理好学习新知识和补习旧知识的关系。如果孩子因为学习不见成效而着急，家长要多一分耐心，保持镇定，持续地给孩子心理和情感的支持，最后一定会有所收获。

11 孩子不喜欢某科老师，导致偏科怎么办

这个孩子常常因为不喜欢某位老师而产生偏科的现象。遇到这种情况，家长应该怎么办呢？

情景再现

一个高二女孩的家长打来电话，询问孩子偏科该怎么办。

这个孩子性格开朗，总体成绩不错，但物理很差，主要原因是她不喜欢物理老师。她特别喜欢初中物理老师轻松幽默的课堂气氛。可现在的物理老师讲课不和学生交流，眼睛只盯着教室的窗户，课堂气氛很沉闷，她一上课就想睡觉，对物理学科失去了兴趣，考试成绩很少及格。家长也曾经和班主任老师委婉地交流过，但班主任说物理老师的教学水平很高，讲课风格就是这样。

孩子现在对物理学习有很大的抵触和畏惧心理，家长对此很苦恼。

在专家的指导下，家长有意识地引导孩子去发现物理老师的特点。开始的时候孩子说的都是老师的缺点，比如上课看着窗外、面无表情等。渐渐地孩子的话题中多了有趣的内容，比如说老师讲课的时

候只动嘴不动身体，孩子还生动地模仿老师讲课的动作，逗得一家人哈哈大笑，孩子对老师厌烦的情绪渐渐变淡了。

后来家长又打来电话，高兴地"汇报"着孩子的变化。有一次，孩子回家非常严肃地对父母说，以前真是误解了物理老师，老师其实是一个水平很高的人，值得佩服！原来物理老师在讲某章节时，布置了一道研究型课题，物理课竟研究起"月相"来——月亮究竟啥模样？上弦月、下弦月有何不同？南、北半球以及黎明和傍晚有何不同？利用物理知识来解释一些地理现象，这让孩子感觉新奇不已。老师如此深厚的教学功力令孩子肃然起敬，对老师的印象完全改变。从此，孩子嘴里关于老师优点的话题越来越多，对物理的兴趣也日益浓厚，成绩自然迅速提高。

✓ 关键点分析

类似的现象，在我们接触的案例中并不少见。每位老师都有自己的教学风格，而一个老师的风格，毫无疑问不可能适合所有的孩子，总会有孩子不喜欢老师。学生因为不喜欢某位老师而放弃某科的学习，这显然是对自己的不负责任。同样是物理偏科，有时并非完全是物理老师造成的，很可能是由于高中物理的难度加大、知识容量增大或学习方法不适应等造成的，而物理成绩的不理想会导致孩子迁怒于学科老师。

? 关键帮助

每一个老师都是一个独立的个体，教学风格不尽相同。一种风格可能得到部分学生的喜爱，也可能有部分学生并不认可，不能因此要求老师做根本性的改变，不可能要求老师去适应每一个孩子，所以，这就要求学生学会适应老师的不同风格。家长最基本的做法是鼓励孩子去发现老师的长处，逐渐学会适应老师的风格。

所谓"亲其师，信其道"，只有孩子喜欢老师了，他才能学得更好。孩子是单纯的，容易因别人的缺点而厌烦，也容易为别人的优点所折服。发现教师的长处，有利于孩子更全面、客观地认识他人，接纳和理解他人，这对孩子的学业和成长无疑具有积极的作用。

当孩子不喜欢某位老师时，家长不能只听孩子的一面之词。在平时的言谈中，更不要随意评价老师，如果对老师有看法可以直接找老师沟通。

12 孩子某科处于弱势，怎样帮他消除恐惧心理

许多孩子某科处于弱势，学习中往往过多体验了失败，因此失去学习的兴趣和信心，对该学科产生恐惧和排斥心理，因而更加不愿意去面对学习上存在的问题，形成恶性循环。

情景再现

河北某省重点学校高一男孩一鸣，除英语外，其他科目都是名列前茅。他的英语成绩一直不理想，用他自己的话说，想到英语课就头疼，上课没有"成就感"，成绩好的同学"叽里呱啦"，自己却"张口结舌"。一鸣认为自己不是学英语的料，而且将来也不打算出国，

何必苦费心思学它。家长先后给他请了几个家教，可孩子学习英语的态度令老师颇为无奈，补习最终都未见成效。

英语老师建议家长从一鸣的兴趣入手改变这种状况。和孩子的交流中，老师了解到一鸣喜欢看动画片，于是就让家长找美国原版动画片给孩子看，先让他看有中英文字幕的，然后看只有英文字幕的，最后再看没有字幕的，通过这种方式逐渐激发孩子学习英语的兴趣。

后来一鸣喜欢上了英文动画片，对英语的学习兴趣也大增。与同学聊天，不仅大讲特讲动画片内容，而且还不时冒出几句英文台词。兴趣慢慢增加了，课堂听讲不存在问题了，孩子的英语成绩也大幅上升了。

关键点分析

这是一个典型的兴趣带动成绩的案例。许多孩子之所以出现弱势科目，主要原因就是缺少兴趣。而许多家长没有意识到这一问题，只是一味给孩子补课。殊不知，补课只是一个外在的辅助手段，孩子没有内在的学习动力，外部条件再改善、家长再努力都不能从根本上解决问题。当然，也有学生并非因为缺乏学习兴趣，而是在某些学科的学习过程中某些环节有缺失，存在知识漏洞，导致前后所学知识无法衔接，从而出现弱势科目。

关键帮助

孩子有弱势科目，表面看来一样，其实形成原因并不相同，因此采取的对策也会有所不同。

案例中的一鸣，就是因为没有兴趣而无法形成强劲的学习动力，从而影响了成绩。对于这种情况，家长应该从培养孩子的学科兴趣入手。只要孩子有了兴趣，以后的事情就水到渠成了。孩子不仅成绩会进步，学习过程也将变得有趣而轻松，孩子的心理负担也会相应减轻，一切都将大为改观。

对于因某一学习环节的缺失导致出现弱势科目的孩子，家长则应积极帮助孩子补习，尽快把缺失的环节补上，使前后的知识链条得以衔接，从而为进一步学习扫清障碍。当然，这往往需要一个比较长的过程，要求家长要有耐心，一步一步稳扎稳打，孩子的进步也就指日可待了。

13 孩子顾此失彼，怎样帮他处理好各科关系

对于初三、高三学生来说，学科任务繁重，各科老师更是各显神通，每天分发大量试卷，搞得学生手忙脚乱，学习中很容易顾此失彼，不能做到各科均衡发展，甚至直接影响高考的成绩。

情景再现

安徽高三学生夏雨的数学一直相对薄弱，很少考过100分。弱势学科恰恰意味着潜力，有更大的提升空间，对此夏雨深信不疑。一轮复习开始后，除跟随老师的复习安排外，夏雨制订了周密的个人复习计划。他每天投入较多课余时间阅读数学课本、熟悉公式、做数学习题，同时在英语、语文上也花了不少时间，希望能够保持这两科的优

势。可之后的月考成绩让夏雨有些沮丧，总分并没有变化，语文、英语没有明显提高，更没有拉开与其他人的差距，文综成绩明显滑落，降了大约50分。虽然数学成绩有了一些提高，可他感觉跟自己付出的时间不成正比。于是夏雨急忙调整复习策略，转而又把精力放在了文综上。一段时间后，语数外成绩却又下滑。

这让夏雨很慌乱。每天各科老师布置的习题、下发的试卷，让他不知所措。哪科老师催得紧，就先应付哪科，而且各科大考、小考不断，哪科考试就得复习哪一科。他的学习计划完全被打乱了，常常被考试牵着鼻子走，完全没有了前期设想的那般从容，甚至让他对高考也失去了信心。

✓ 关键点分析

现实中，孩子常常因个人差异、对老师偏爱等导致各学科学习不均衡的现象。根据"水桶理论"，一只水桶盛水的多少，并不取决于最高的那块木头，而恰恰取决于桶壁上最短的那块木头，同理，各学科之间既独立又相互联系，孩子对某些学科的忽视或学习成绩不理想，势必影响个人学习的整体效果，所以各个科目必须均衡发展。

尤其在高考改革后，学生偏科的劣势更加明显。某些省份实行"3+综合"模式，虽然是"大文大理"的模式，但考试增加了与高考录取挂钩的中学学业水平考试，这对于偏科学生是十分不利的。

所以孩子一定要根据自己各学科的具体情况进行合理规划，从大局出发，科学、合理地分配各科学习时间，以保证各学科均衡发展。案例中的夏雨，虽然详细分析了自己各学科的情况，明晰了自己的优势和短板，但在复习中却缺乏一定的策略。比如，语文和英语等语言类科目需要长期的积累，这两科对于夏雨来说又是优势学科，即使花费很多时间，提升的空间也不大。他更需要针对自己的弱项，找出问题所在，然后进行有针对性、有计划的训练，并及时根据学习效果进行适当的调整。

❓ 关键帮助

家长要帮助孩子处理好学科之间的关系。

（1）帮助孩子合理安排各科的时间。要制订课余学习计划，根据学科知识的难易程度合理安排时间，在保证学习时间的基础上保证学习的效率。对于高三学生来说，复习投入时间与学习成绩之间的关系，即投入产出比是必须考虑的。要根据总体分值预测优势和短板学科能够发挥到什么程度，给孩子正确定位。另外，学习尽量文理科相间，有利于提高效率，还要注意计划的灵活性，根据计划执行情况，随时进行调整。

（2）帮助孩子树立自信，克服对弱势学科的恐惧。对于那些因害怕学不好某科目而产生厌恶心理的孩子，家长要将孩子的优势作为"兴奋点"，激发孩子的兴趣，减少孩子因偏科带来的心理压力。哪怕一点进步，也是孩子通过努力得来的，家长要表现出高兴和珍惜，让孩子享受成功的快乐，从而帮助孩子树立学习某些学科的信心，养成主动学习的习惯。

（3）帮助孩子查漏补缺。孩子对任何学科的学习，尤其对于不喜欢的学科、弱势学科，讲究方法才能收到良好效果。家长要帮助孩子具体问题具体分析，必要时寻求老师或专业人士的帮助。先了解孩子的目标，分析各科存在的问题及其原因，以便有针对性地解决。

14 时间有限，如何帮助孩子高效预习、复习

预习、上课和复习是孩子学习重要的三环节。有些孩子千方百计争取主动预习、有效复习以保证课堂听课效果，为此耗费了很多时间，到头来却没有太明显的效果。

情景再现

四川成都高一男生袁帅，在"金战博客"上诉说了他的烦恼。

他就读于市内最好的寄宿制高中，分在最好的班里。上了高中，学习内容增多，再加上对课改不太适应，每天的生活异常紧张，大部分时间在题海中"遨游"。袁帅感觉压力骤然增大，总不能静下心来学习，情绪愈发烦躁。

看到儿子的学习失去了往日的轻松，爸爸也很着急，父子俩就此问题多次沟通。爸爸建议儿子改进学习方法，用心做好预习、复习。袁帅看过好多状元学习法，也都强调预习和复习环节，于是尝试着学习。可真正执行起来却很困难，每天晚上因作业太多占用了大量时间，所谓复习、预习只是走过场，求得自己的心理安慰罢了。

袁帅感觉学习压力太大，老师说他有些浮躁，尽管表面上看起

来很努力。父母责怪他学习上没有遵照他们的要求和建议来做，工夫没用在刀刃上。袁帅在留言里表示，以后不做老师布置的作业了，他认为那是浪费时间，作业让他没有更多时间根据自己的情况复习、预习。袁帅自己也不知道照此决定执行最终会是怎样的结果。为此，父子俩起了争执，袁帅很苦恼，他无力说服父母，也无力改变自己的学习状况。

✓ 关键点分析

认真预习、用心上课、及时复习，做好这3个环节，学习才能轻松而有效。

案例中的袁帅，进入高中后，疲于应付学习，没能够及时调整学习方法以适应高中的学习环境。在此过程中，如果一味听从父母的安排，或效仿别人的学习方法，缺乏个人系统的规划和安排，就会让自己手忙脚乱。这在一定程度上反映了袁帅缺乏独立自主的学习习惯以及自我管理的能力。另外，袁帅的家长没能够了解孩子的具体情况，只是根据自己的经验、意愿，要求孩子改进学习方法，这对孩子并没有实质性帮助。

学习要讲究方法，方法也是因人而异的，需要在学习过程中逐渐摸索、不断改进。恰当的学习方法是需要时间积累的。

? 关键帮助

高中学习跟初中学习有很大的不同，这需要家长科学而有效地引导孩子，及时调整学习观念，强化孩子的学习自主性，以尽快适应高中学习。

（1）相信孩子有能力处理好学习的事情。学习是孩子自己的事情，要让孩子明确自己需要对学习负责。所以父母平时要肯定孩子学习过程中付出的努力，不妄加指责孩子的学习或急于给孩子提供学习上的妙招。家长或者他人的经验，对孩子来说并不一定奏效。所以，要允许孩子有自己的学习方法和安排，而且要让孩子认识到自己方法的独特性，增强孩子寻找学习方法的信心，这个过程也是孩子提高学习能力的过程。

（2）加强自我管理训练，帮助孩子学会合理分配时间和精力。自主性学习，关键在于要学会预习和复习。高中的学习任务繁重，要学会将学习任务分解。除课堂学习外，最好不要把作业、预习、复习等都放在回家后完成。尝试充分利用好在校的零散时间完成一些常规作业。另外，预习和复习不一定要花费大块时间才有效，比如利用每堂课下课之后、每天晚上用10~30分钟回顾当天所学知识，都会产生比较好的效果。

孩子进入高中，最初可能因为学习方法不适应而手忙脚乱。家长要多一点耐心，让孩子认识到找到好的学习方法需要磨合，成绩的提升需要时间，遇到暂时性的困难需要积极面对，相信孩子能够得心应手地应对将来的学习。

15 孩子迷恋上网，怎样指导他借助网络进行学习

网络本身是一把双刃剑，中学生上网利弊兼而有之。既然不能禁止孩子上网，家长只能加以正确引导，指导孩子有效利用网络，让网

络工具更好地为孩子的学习服务。

🎬 情景再现

河北邯郸的一个家长找到我，说孩子小学五年级就迷上了网游。当时家长觉得孩子小，功课也不紧，而且孩子的成绩也始终保持在班级前几名，所以对孩子上网没太过问。升入初中后，初一时孩子表现得还不错，初二上学期，期中考试孩子竟有两门功课不及格。爸爸说了很难听的话，讽刺、挖苦孩子。此后很长一段时间，孩子根本不搭理父母，在电脑前的时间越来越长，有时甚至逃学专门去网吧玩大型游戏，有两次居然通宵不回家。家长为此煞费苦心，对孩子严加管教，电脑也寄存到亲戚家，母亲甚至辞了职，每天接送孩子上学、放学。这样持续到孩子初中毕业，在父母的严格监管下，孩子没有再去网吧，学习、生活似乎走上了正轨。可让家长苦恼的是，虽然孩子不上网了，但学习并没有起色，始终是中游水平，而且终日郁郁寡欢，完全没有了小时候的阳光。

✓ 关键点分析

网络的影响是双重的，不能因噎废食，因为网络的负面影响而让孩子切断与它的一切联系。家长需要取其长、舍其短，更充分、有效地发挥其积极作用，使网络有效地为孩子的学习服务。

❓ 关键帮助

家长应该如何指导孩子利用网络资源学习呢？

（1）要帮助孩子找到有价值的网络资源，比如一些学习网站、心理咨询网站或者收费的网络学校等，尤其是一些很有趣味的网络学习资源。有了这些资源的储备，孩子就可以很容易地找到需要的内容，既节省了时间，又避免了孩子到网上四处浏览而分散注意力。

（2）对于自控能力不强的孩子，家长可以安装一些监控软件，限制孩子网络浏览的范围，避免孩子陷入网络不能自拔。同时，增强孩子辨别是非的能力，使孩子自觉远离网上的不良信息，并能熟练地利用网络来为自己的学习服务。

（3）如果家长有时间和精力，可以选择和孩子一起上网。但家长不要以监督者的姿态出现，而要以孩子的朋友、玩伴甚至学习者的姿态出现，与孩子共同查找资料、探讨问题，引导孩子将注意力集中在网络学习资源方面。

如果经过一段时间的学习，孩子从网络学习中获得了成功和乐趣，那么，他就会更自觉、更主动地利用网络上的学习资源，家长自然也就可以放心了。

孩子学习容易走神，怎样帮助他提高学习效率

很多孩子学习进入不了状态，效率不高：要么手中转着笔发呆、走神，要么周围一丁点的事情就能把他吸引过去，每天在书桌前耗掉很长时间，却并没有什么效果。

情景再现

山西一名15岁的高三男生,在"金战热线"中焦虑地诉说自己的苦恼。

孩子在一所私立寄宿学校,高二下学期成绩还一直处于年级前3名。可升入高三后,他发觉自己上课老"走神",自己想好好听讲,可经常不到几分钟就听不进去了,脑子里乱七八糟什么都想,很长时间才会回过神来。他时常想,如果自己的成绩保持不了年级前3名会愧对父亲,因为自己从入学时的中等成绩到现在的成绩名列前茅,都是父亲帮助取得的。父亲虽然远在百里之外,可每周都要打电话询问他的学习。面临高考,孩子总感觉时间不够用,学习时注意力难以集中,学习效率很差,看到其他人能够静心学习,自己更是着急,担心被别人赶超。

辽宁沈阳的一位家长向金战网求助。

他的孩子在市属重点中学读高一。每天放学回到家后,按照父母的要求,孩子利用吃饭时间汇报在校一天的学习情况,然后去自己屋子里学习。父母则坐在客厅监控孩子的学习状况,并要求孩子学习时开着房门。可一段时间后,家长发现孩子做作业的时间越来越长,天天都熬到深夜。家长只好一直陪着,孩子却不时地喝水、去厕所,有时在房间里走动,随便找个东西就可以看半天。家长很着急,于是不停督促,甚至记录孩子每天学习时的表现,可这些做法丝毫没有效果,而且孩子还常常对家长表示不满。

最近家长发现孩子的精神状态愈来愈不好,孩子经常说头脑昏沉,像是梦游一般。老师也反映孩子课堂上表现不好,几次周测验竟然落到了班级倒数几名。

✓ 关键点分析

孩子学习效率不高，原因有多方面。有的孩子是没有掌握适当的学习方法，不能合理安排自己的学习时间；有的确实是学习中遇到了"拦路虎"，让其百思不得其解；也有的孩子是没养成良好的学习、生活习惯，做事拖拉；还有的是本身有厌学情绪或跟家长对立，就以放弃学习来对抗家长。

在关注孩子学习时，家长往往注重表面的一些东西，比如学习时间的长短，而忽略了孩子良好学习习惯和守时、高效观念的养成。案例中的家长，采取了一些矫枉过正的方法，比如陪读、监控等，这无形中挤占了孩子个人成长的空间。随着孩子的成长和升入高中后学习内容、方式的改变，家长的某些做法必然频频亮起红灯。孩子为了应付家长，表面上把大量时间花在学习上，可并没有达到家长所期待的学习效果，还导致亲子关系紧张，这对孩子的成长和家庭关系都是极为不利的。

? 关键帮助

孩子的学习效率，一方面跟个人的学习方法、学习时间的安排等有关；另一方面，也跟家长教育观念、教养方式、亲子间的关系有直接关系。所以，家长要帮助孩子提高学习效率，可从以下几个方面着手：

（1）家长不要过度关注孩子学习时的"走神"，真正认识到学习时"走神"是一种正常现象，而且偶尔的"走神"可以帮助孩子放松心情，摆脱紧张和压力感，让思维变得更活跃。孩子对于自己学习时"走神"不要过于自责与懊恼，用心做好该做的事，不必过多考虑其他。案例中的男孩学习"走神",很大程度上就是因为父亲过分关注其学习成绩而导致其压力过大,产生焦虑情绪造成的。

(2)劳逸结合,帮助孩子学会科学合理地安排时间,养成良好的学习、生活习惯。学生要"该睡当睡",以保证充足的休息时间,力求改进自己的学习方法,提高学习效率。这样,孩子内心就会少一分焦躁和不安,学习时"走神"的现象也许会渐渐隐身而退。

(3)帮助孩子营造良好的学习环境,克服外部干扰。堆积如山的书桌势必让人心生压抑,家长要帮助孩子净化学习环境,如学习时先整理好书桌,学习时不带分神的东西,如手机、零食等,或选择相对安静的地方学习。另外,还要有意识地训练孩子抗干扰的能力,培养"闹中取静"的能力,使注意力能够专注于自己该做的事情。

(4)建立和谐的家庭关系,保持愉快的心情。过重的心理压力、不良的情绪会导致孩子的注意力下降,严重影响学习效率。所以,家长要努力营造良好的家庭氛围,充分信任孩子,不要做孩子学习的"监工"。和谐的亲子关系、父母温和的语言,会让孩子产生追求卓越的渴望,无须家长督促,孩子也会勤奋学习,否则孩子的逆反心理会促使他为逃避家长而消极怠工。让孩子每天有个好心情,学习效率才有可能提高。

孩子经常"开夜车"学习,父母该如何说服

有的孩子为了学习,占用了很多本该休息和锻炼的时间,甚至

经常"开夜车",导致睡眠不足,这不仅影响学习效果,成绩无法提高,而且对孩子的身心健康也有不利影响。

情景再现

一位山西临汾的初中女教师,焦急地打来电话咨询:

她的女儿今年高一,成绩中等偏上。孩子上进心强,对自己的成绩总不满意,觉得自己只要再努力,一定可以考得更好。由于白天在学校的时间已经安排得很满了,所以女儿只好在放学后找时间加班加点,每天都要学习到深夜。起初,全家人都支持孩子的决定,从各方面配合她。刚开始孩子的成绩的确取得了一些进步,可这样坚持了一段时间,孩子的精力明显不如以前,早晨起来就睡眼惺忪,课上时常打瞌睡,晚上更是强打精神,每天饭桌上的谈笑也没有了。母亲担心孩子学习时间太长,累坏身体;同时学习付出的时间和成绩并不成正比,这让孩子产生了自卑心理,坚持认为自己变笨了。妈妈劝孩子调整计划、好好休息,但孩子坚持认为延长学习时间很有必要,因为她可以做更多的习题。

一位北京高一男孩的妈妈,在电话中诉说对孩子作息时间的忧虑:

孩子属于勤奋型的,成绩一直处于中上游,中考顺利考进一所不错的高中。最近听说在学生中间流行一种"睡眠法",孩子就积极地试行着。每天放学回家就先睡觉,再起来吃晚饭,晚饭后开始写作业,大概忙活到十一二点再开始睡觉。两个小时后,孩子睡意正浓之时再次起床复习或预习功课。大概挑灯苦读两个小时,再次入眠。到清晨5点,孩子结束睡眠,在睡眼惺忪中吃完早饭,然后奔向学校,开始新一天的学习、生活。

孩子这种每天夜间"几起几落"的学习、睡眠安排，让父母也不安宁，多数时候父母是跟着孩子一夜醒来多次，时常发现孩子在所谓的睡觉时段都是和衣躺着的，根本不可能得到充分休息。虽多次劝阻他，可孩子说自己也不想这样，恨不得一天能有48小时，一半用来学习，一半用来睡觉。白天学校的课程排得满满的，复习、预习只能安排在晚上，时间确实不够用。

半个多学期下来，虽然孩子期中考试考得还算理想，可妈妈眼前更多浮现的是儿子无精打采的样子，老师也反映孩子课堂上有时会打瞌睡。对于孩子这样的状态，父母既心疼又无奈，担心长期下去造成孩子生物钟紊乱，影响身体的正常发育。

✓ 关键点分析

任何事物都要注意把握尺度，学习也不例外。

案例中的女孩，明显陷入了一个误区，认为学习成绩的提高和学习时间的累积是成正比的。其实不然。勤奋固然重要，但如果勤奋的程度超出了人的体力能够承受的负荷，不仅不会提高成绩，相反还会影响身体健康，对学习成绩产生负面的影响。通常，要想达到较好的**身体状态，中学生每天应该至少保证七八个小时的睡眠，占用睡眠时间去学习，只能适得其反**。学习成绩的进步，绝不能靠无限制地耗时间来获得，对案例中的女孩来说，更需要的是总结学习方法、提高学习效率。

案例中的男孩所试行的几段睡眠法，是学生面对繁重的学习任务而采取的无奈之举，很容易造成睡眠不足、作息时间混乱和体质下降。而长期睡眠不足又容易导致学生注意力和记忆力减弱、学习效率下降、成绩下滑等，必然严重影响孩子的身心健康。

关键帮助

孩子抓紧时间学习,这是好事,家长应该为此感到欣慰。但毕竟孩子正处在长身体的时期,良好的体质需要劳逸结合、张弛有度,因此,家长应该把这个道理跟孩子讲清楚,督促孩子适当休息。更重要的是,要帮助孩子改善学习方法,提高学习效率,帮助孩子从根本上改变目前的学习状况。

(1)降低预期,帮助孩子减压。在老师、同学、分数的重重压力之下,也许家庭是孩子唯一的避风港湾,父母要力争给孩子一个释放压力的出口。家长要克服盲目攀比和过高期待,让孩子有个正确的定位。

(2)帮助孩子正确认识充足睡眠和学习成效的关系。人的精力是有限的,保持良好、充足的睡眠才能够提高工作和学习效率,从而又可以把节省出来的时间用于休息和锻炼。如果为了实现或者保持好名次或而一味延长学习时间,即使筋疲力尽依然强制自己坚持,这样将严重影响孩子的情绪、身体素质、生活质量和学习成绩,最终使其身心不堪重负,反而会离目标越来越远。

(3)帮助孩子学会管理时间。要让孩子学会区分事情的轻重缓急,对学习、休息、娱乐时间进行合理规划、统筹安排。该学习就学习,该休息就休息,更有利于提高学习效率。

(4)培养健康的生活方式,提高睡眠质量。为了更好地促进睡眠,可以让孩子在睡前喝适量牛奶,用热水泡泡脚,听点舒缓的音乐等,保证在最佳睡眠时间入睡。另外,不论学习多忙,一定要安排适当的时间让孩子进行体育锻炼。

18 孩子上课不听讲，该不该上补习班

孩子上课时不听讲，或者听课效果不好，导致学习跟不上或出现严重偏科，这种现象是很普遍的。为了提高孩子的成绩，家长不得不让孩子上补习班，或者请专门的家教，既需要支付大笔的补课费，又占用了孩子正常的休息娱乐时间。令家长困惑的是，孩子常年参加补习班，但效果却不理想，这让家长无计可施。

情景再现

山东济南的一位家长在邮件中写到：

儿子刚上初二，性格外向、活泼好动，一直以来上课很少听讲，课堂上也不能跟着老师的思路走，似乎很难进入学习状态。自习课上更是左顾右盼，小动作不断。家长一度以为孩子得了多动症，但检查结果显示孩子很正常。家长无计可施，只好让孩子通过辅导班或家教来补习。可是一个学期后，钱花了不少，孩子的状态却并没有多少改变，成绩也没什么起色，家长焦急万分。

✓ 关键点分析

对成绩不理想的学生来说，课外辅导无疑是必要的，但上补习班和请家教只能是课堂学习的辅助手段，课堂学习才是关键环节。绝大部分孩子成绩差的原因就是没有专心听课，如果依赖家教和补习班而忽视课堂学习，则完全是本末倒置，往往得不偿失。长期的补课容易造成孩子的依赖心理，更助长其上课不听讲、课后"开小灶"的心理。

真正意义上的补课，是有针对性的查漏补缺，而不是把课堂上的东西再学习一遍。家教和补习班虽然可能对孩子个人问题的针对性更强一些，在备课和授课的系统性上还是无法和学校课堂教学相比的。因此，家长一定要想办法，引起孩子对课堂学习的足够重视，并在此基础上，利用补习班或者家教来弥补孩子以前学习上的缺失。

？ 关键帮助

家长首先要分析孩子课堂不听讲的原因，然后才能有针对性地采取相应措施，从根本上解决问题。孩子上课不听讲的原因无外乎以下几种：

（1）学习成绩差，前面环节知识缺失得太多，衔接不上，老师讲的内容孩子听不懂。对于这一类孩子，家长的当务之急是给孩子补课，最好请家教集中时间系统地进行补课，使孩子系统掌握各个知识环节，从而为新课程学习扫清障碍。

（2）缺少学习兴趣，老师讲的内容无法吸引孩子的注意力，孩子自己有另外的兴趣和关注点。对于这一类孩子，应该注意培养孩子的学科兴趣，针对孩子的性格特点，因势利导，利用一切可能，有针对性地对孩子进行兴趣培养。可以从与课程内容相关的有趣味的练习、名人故事等入手，逐步引起孩子对某一学科的关注。

（3）在班级的主流活动中，如学习、体育、某些特长等方面，无法获得期望的地位，因此学生不得不用上课溜号、搞小动作甚至搞恶作剧的方式来博得老师和同学的关注。对于这一类孩子，应多给予关爱。孩子都渴望被理解、被关注，家长应多与孩子平等交流，对孩子的进步热情地予以肯定，并积极发掘孩子身上的长处，使他感受到外界对他的肯定和认可。同时，让孩子充分认识到课堂学习的重要性，鼓励他们通过恰当的途径获得别人的认可。当然，作为辅助手段，补习也是必不可少的。

总之，只要父母注意观察，找到症结所在并对症下药，就一定能够解决孩子上课不爱听讲的问题，还孩子一个正常、进取、充满爱和自信的学生时代。

19
孩子成绩大起大落，怎样帮他稳定成绩

初三、高三学生，大考、小考不断，成绩起伏直接影响着他们的情绪和学习积极性，同时也左右着家长的心情。家长们担心如果不改变这种状况，孩子在关键性考试中恰好处在低谷时期，前期的所有努力也就白费了。

情景再现

江苏常州高三男生张全，平时学习十分用功，每天要学到深夜12

点之后，可考试成绩却十分不稳定。进入高三后的几次考试，最好的一次排在班级第10名，可差的时候能落到班级40名之外，感觉简直就像坐过山车。最近一次模拟考试，竟有两门功课不及格。不及格可是他上学以来从未出现过的事情，这让他很受打击，情绪十分低落，却找不到原因。他甚至打算去看医生，是否是自己的脑子或心理出了毛病。而家长却不理解，爸爸严厉批评他心思没用在学习上，妈妈更是每天唠叨，这让他难以承受，甚至想过离家出走。

✓ 关键点分析

孩子的学习成绩出现一定范围内的波动很正常，环境的变化、情绪的纷扰、学习内容和考试的难易度、孩子的疲劳程度、家长过度关注分数导致孩子的心理压力大等都会引发学习成绩的波动。特别在高三大考、小考频频的状态下，偶尔发挥失常导致成绩忽上忽下并不用十分担心。案例中高三男生的成绩波动，绝不是因为个人智力下降、学习能力退化，盲目着急只会使事情更糟，这时更需要冷静分析造成成绩波动的真正原因，以尽快摆脱困扰。但如果成绩长期大幅波动，就需引起家长的重视。

? 关键帮助

影响孩子成绩起伏的因素有很多，需要家长"对症下药"。

（1）家长要正确认识孩子成绩的起伏。孩子的学习成绩出现波动是再正常不过的事情。所有学生的成绩都是处在波动之中，不可能总处于直线上升或下滑的状态。波动不代表学习退步，正是成绩的起伏才能帮助学生发现问题、查找漏洞，进而明确下一步的目标和努力方向。同时也可以历练孩子愈挫愈坚的心志和克服困难的能力。

（2）教孩子学会正确地自我评价。孩子的自我评价大多来源于周围人的评价，尤其是家长对孩子的看法，所以家长要客观认知、评价孩子。客观来讲，很多家长往往是以孩子曾经的最好成绩为参照点来看待孩子成绩变化的。一旦孩子成绩滑落，家长就指责孩子没有尽力，这对孩子来说是不公平的。

（3）帮助孩子积极挖掘学习潜力，重树自信心。学习成绩并不是评价孩子的唯一标准。孩子考好时，不要盲目乐观、沾沾自喜，家长要分享孩子的成功，更要肯定孩子进步过程中付出的努力。同时提醒孩子，胜利时也不能忽略问题和危机的存在。成绩下滑时，孩子心情难免沮丧甚至萎靡不振。家长要用爱心和耐心陪伴孩子，而不应是指责、批评或羞辱。家长要相信并鼓励孩子，允许孩子按照自己的节奏学习，成绩的进步会使孩子重树自信心。

（4）必要时找有经验的老师帮孩子进行具体学科的分析。如果孩子成绩不稳定，需要分清是各学科都不稳定还是集中在某单科上面；具体到某学科，是基础知识不扎实、解题效率不高还是审题不仔细、过于马虎，还是有些考试内容根本没有复习到。只有具体分析考试中的这些问题，寻找症结所在，才能找到解决问题的突破口。

20
孩子很努力但成绩始终不理想，家长如何对待

不少家长感到困惑：孩子学习很努力，每天预习、复习、写作业，忙得不亦乐乎，但成绩却始终不理想，怎么回事呢？

情景再现

一位心急如焚的妈妈来信说：

女儿刚上高二，成绩一般。自从上了高中，孩子每天放学都要学习到很晚，除了完成老师的作业，还要做大量课外习题。各类参考书和复习资料堆满了写字台，成绩却不见起色。父母和孩子都很沮丧。

女儿坦言，升入高中后感觉学习压力很大，各科学习都遇到不少困难，自己又不好意思问老师和同学，而家长每天却只顾盯着她学习，没有体谅她的难处。孩子清楚高考的重要意义，知道父母含辛茹苦、望女成凤，就有意识地强迫自己延长学习时间，觉得不这样做就对不起自己、对不起父母，因此，就出现了耗时间的情况。虽然每天学习时间很长，但效率并不高，其实很多时间都用于摆弄手机、漫无目的地翻书、做白日梦了。

关键点分析

案例中的女孩主要是学习效率和学习方法上存在一些问题，一方面没有做到劳逸结合，影响了她的休息；另一方面使她内心的压力更加无法释放，尤其是增加了学习时间后，仍然无法有效地提高成绩，让她对自己逐渐失去信心，并形成恶性循环，导致孩子的情绪和学习都陷入糟糕的状态。

关键帮助

决定孩子成绩的因素是多方面的，并非学习时间的累积和先天的智力优势就一定能带来好成绩。所以，孩子成绩的逐渐提高需要多方面的调整和改进。

有的孩子花大量时间背书、做题，每天在题海中挣扎，可结果还是一无所获，这就要在学习方法上进行调整。学习方法并没有统一标准，学生有着明显的个体差异，学习方法也毫无疑问地带有个人色彩，只要适合自己的方法就是最好的。但是在学习过程中，有些环节却有一些普遍的规律和注意事项。具体说来包括如下几点：

（1）预习要轻松而有效。预习不要去背教材、背参考书，不要去猜测老师上课会提什么问题，也不要一味地求"精"求"深"，而要尽量对教学内容有一个总体的把握，要做到心中有数。对于自己有兴趣、有心得的部分，可以进行一些课外内容的拓展。

（2）充分重视上课环节。上课是学习过程中最重要的一环，是获取知识的最主要途径。浓厚的兴趣、充足的精力、恰当的方法、认真的态度是课堂学习的关键。家长应该引导孩子，培养他们对各类知识的兴趣，要勇于从多角度思考问题，要敢问、勤问，还要学会接纳别人的想法，对于课本上的知识要做到举一反三、融会贯通。

（3）复习重在总结和强化。复习是一种系统的总结和有效的强化，因而不能局限于重复课堂上学过的内容，或仅限于完成大量的练习题。复习不一定要花费大量时间才有效，在几个比较容易遗忘的时间点进行复习即可，说白了，就是和"遗忘曲线"作斗争。

21 孩子心理压力大，大型考试发挥失常怎么办

这种情况在高中生中更常见，以致每当一些重要考试来临时，这些孩子、家长就会忐忑不安，他们最担心这种情况到高考时重演。

情景再现

一个女生中考落榜，缴费进入一所普通高中。她十分珍惜这次学习的机会，发奋苦读，成为同学和老师公认的勤奋生。开学不久，她很快适应了高中的学习，课堂上回答问题、课后习题的处理、平时的小测试都做得不错，经常受到老师表扬。可经过几次考试，女孩发现自己在关键性考试中成绩都不理想。联想起自己初中时的学习以及中考的结果，她认定自己是一个不擅长考试的人。

在以后的学习中，女孩也在努力改变关键时刻掉链子的状况，每次考试之前，就不断提醒自己不要紧张，争取考个理想成绩以证明自己的实力。可一段时间之后并没有效果。高三第一次期中考试，成绩还是没有达到预期目标，她特别沮丧，担心高考时也会考砸了。

河南高二学生吴刚升入高中以来学习一直很勤奋，平时成绩也不错，但每当重大考试总是发挥不好，在刚刚结束的高二会考中又发挥

失常。当时满心希望自己能考4个A，将来考一本就会很有希望，没曾想考试结果却4科都是B。

看着分数吴刚很沮丧，认为自己辛苦付出却没有回报。现在他一想到考试就害怕，觉得浑身发冷，心跳加速，难以静下心来，考场上，拿到试卷头上便直冒冷汗，越想冷静便越心慌，甚至大脑一片空白。

✓ 关键点分析

考试中能够正常发挥乃至超水平发挥，得益于扎实的知识基础、有效的应试技巧和策略以及良好的心态。孩子如果平时成绩还可以，关键性考试一般也不会差了。否则，就需要具体分析影响考试正常发挥的各种因素，以便有针对性地解决。案例中的女孩，平日认真，练习、小考也都不错，可一到大考就发挥失常，原因是多方面的。首先，可能是因为学生的基础知识不够扎实、不能融会贯通。其次，是缺乏一个良好的考试心态。女孩过于关注考试结果，家长也只是在意孩子的分数和名次，这些都会造成孩子的心理压力过大。

❓ 关键帮助

养兵千日，用兵一时。要想在考试中取得好成绩，需要平时知识的积累、技能的培养和良好的临场发挥。家长要根据具体情况，采取适当措施帮助孩子在关键考试时发挥出最佳水平。

（1）家长和孩子都要以平和的心态看待考试。学习不仅仅是为了高考而学知识，更重要的是在知识积累过程中培养孩子分析和解决问题的能力。考试的目的更多在于检测学习中存在的问题，所以，父母和孩子不必过于关注分数和名次，保持一颗平常心对待考试，才能让孩子发挥出正常水平。

（2）要注意调整好考前的心态，保持适度的焦虑。心理学上所谓的"瓦伦达心态"，用来形容专心致志做事而不去管这件事的意义、不抱有患得患失的心态。瓦伦达是美国一个著名的走钢丝表演者，却在一次重大的表演中不幸失足身亡！事后，他的妻子说："我知道这次一定要出事。因为他在出场前就不断地说，'这次太重要了，不能失败'。在以前每次成功的表演中，他只是想着走好钢丝这件事的本身，不去管这件事可能带来的一切。"

学生在关键性考试中发挥不好与"瓦伦达心态"密切相关。就像上述案例中的女生，内心越渴望考出好成绩，就越发担心自己考不好，甚至每次考试前就先否定了自己，考场上就愈发难以正常发挥自己应有的水平。所以，不论哪类考试，只要用心做好考试准备即可，不必过多考虑考试的结果。

（3）做好考前复习，掌握应试技巧。要考出理想的成绩，有效的复习是关键。高中的学习更强调灵活性，强调知识、技能的触类旁通。复习时依然要回归课本，牢牢掌握要考查的知识点，还要注意各章节、某阶段知识点的关联性，寻找不同题型、不同知识点之间的共性和联系，掌握解题规律，争取把学过的知识系统化。

22 孩子升入高中，如何帮助他培养新的学习习惯

高中的学习内容难度大、系统性和综合性强、学习进度快，强调学生的理解和运用能力，对学生独立思考和独立学习的能力提出了更

高的要求。这些跟初中课程有很大区别，如果孩子还沿用初中时的学习方式，势必遇到很多困难，如果这种状况得不到改善，随着年级升高，孩子会越发感觉自己不知道怎么学习了。

情景再现

山东滨州一位高一男生在"金战博客"上讲述了他的苦恼。

他目前在一所重点高中读书。初中时成绩一直不错，平时各科作业量不多，只需很短时间就能做完。而对于考试，更多情况下是凭借自己的小聪明，考前突击一下就可以把成绩搞上去。

升入高中后，学科增多，作业量也增加不少，每天除了上课就忙于应付各科作业。回家后，爸妈就陪在身边，督促其继续完成在学校没有做完的作业。几个月下来，他发现自己虽然在书桌前呆的时间较长，却总是磨磨蹭蹭，作业草草了事，学习效率很低。更让他苦恼的是，现在上课经常走神、心不在焉，跟不上老师讲课的节奏和进度，成绩急剧下降。

关键点分析

案例中的男生所遇到的困难，主要是因为进入高中后他未能适应学习特点的变化，在不适应中形成了不良的学习习惯。孩子和家长都忽略了学习习惯的重要作用，家长更多关注孩子学习时间的长短和作业是否完成，却不知道在规定的时间内完成相应的作业、形成良好的学习习惯更为重要！

高中的学习是一个非常系统的过程，要求学生独立完成学习过程的各个环节，对学生自主学习能力提出更高的要求。所以，案例中的男孩要想改变目前的窘境，必须着力调整自己的学习方法，养成良好的学习习惯，主动学习、主动思考，学以致用。

关键帮助

家长如何帮助高中阶段的孩子建立良好的学习习惯呢？

（1）家长坚定的态度是前提。"态度决定一切"，家长要对孩子进行有针对性的教育。与孩子一起分析哪些好的学习习惯需要继续保持，哪些不良的习惯要克服，哪些习惯需要尽快养成。在养成好习惯的过程中，需要家长的督促引导和善意提醒，做到持之以恒，这些也是对家长教育观念和教育行为的一种考验。

（2）孩子学习行为的独立性是核心。生活习惯和学习习惯是相通的。生活中，很多家长习惯于孩子学习时陪伴在身边，如孩子渴了给倒水、学习文具家长代为整理等，这些虽然貌似小事，可时间久了就会让孩子产生依赖和懒惰心理。学习也是如此，如果孩子缺乏主动性，就谈不上学习的独立性。孩子都希望用自己的学习来证明个人价值，所以家长就要学会适当放手，充分信任和尊重孩子，相信孩子能够处理好自己的事情，包括学习。

（3）适时和适当的激励是强大动力。高中生的身心呈现诸多不成熟的特征，对学习成绩的变化容易患得患失。家长要给孩子以理解、鼓励和支持。孩子学习中表现出的良好行为和取得的进步，家长要给予及时、充分的肯定，以便在孩子心理上得到强化，让孩子产生前进的动力和信心。

23 孩子思路窄，家长如何帮助他锻炼思维

孩子平时学习勤奋，课外请家教、上补习班，虽然花了很多精力夯实基础知识，可考试时孩子总感觉反应慢、思路窄，只能就题论题，做不到举一反三，对于一些灵活性强的题目往往束手无策，这是怎么回事呢？

情景再现

山东济宁高一男生小伟，各科成绩比较平均，都不突出。中考勉强过分数线，进入一所普通高中。上高中以来，小伟每天加夜班，几乎把课余时间都用于学习，可成绩却大幅下降，入学时年级排600多名，期中考试就退到了1000多名。看到其他同学轻轻松松地学习，他心里更不是滋味。以前他对学习很自信，可是现在对学习已经没有了兴趣，而且信心全无。

关键点分析

所谓的"思维"，通俗地讲就是遇到问题时的"想一想"。新课程改革强调培养学生的自主学习能力，让学生学会学习，而思维能力

恰恰是学生学习能力的核心，良好的思维能力有助于发展学生智力、提高学习效率。新课改后，试题的新颖性、灵活性越来越强，如果孩子学得死板，要取得理想的成绩非常困难。因而培育良好的思维能力是学生学习的主要任务之一。

高中阶段的学习"以理解和应用为主，不能只局限于知识的学习，而要重视观察、思维、分析、阅读、动手等能力的培养"。案例中的小伟，学习勤奋，注重基础知识的积累，却忽略了思维能力的训练，自主学习能力相对较弱，学习上困难重重。

关键帮助

孩子的思维能力不是一朝一夕就能养成的，它需要长期有效的培养、训练，在学习过程中逐步形成，所以家长要有意识地引导孩子锻炼思维能力。

（1）给孩子创造独立思考的机会。学习习惯与生活习惯在很大程度上是相互作用的。生活中家长要注意培养孩子的参与意识。凡跟孩子有关的事情，家长不要包办，家庭生活中的一些重要事件也要征询孩子的意见，以增强孩子的主体意识，培养孩子的责任感。

家长要鼓励孩子大胆质疑、勇于发表不同的意见。即使有时候孩子的想法听起来有些幼稚，甚至有些"异想天开"，家长也要注意保护孩子的参与意识，培养孩子独立思考的自觉性。同时，有意识地引导孩子多角度、全方位地思考问题，尝试用不同的方法处理和解决问题，以拓展孩子的思维广度。

（2）鼓励孩子积极参与学习活动的各个环节。学好基础知识、练好基本功，是发展思维能力的基础，要在此基础上鼓励孩子积极参与提问、讨论等过程，将所学知识通过学习活动过程的参与达到融会贯通和综合运用。家长还要引导孩子将一科学习中所采用的一些思想、方法移植到其他学科中去，对其科目学习起到促进作用，从而全面提高成绩。

思维的锻炼重在坚持，家长要不失时机地引导孩子，相信经过日积月累的训练，孩子分析问题、解决问题的能力会有提高。

24 高校自主招生考试，孩子是否适合参加

从2003年开始，自主招生作为全国部分高校实施的新招生政策，成为高考生加分的渠道，为一些在某方面有特殊才能的学生提供了上大学的机会。随着自主考试的高校逐年增加，越来越多的家长和学生更加关注自主招生。

情景再现

浙江杭州的高三女生龙雪打来电话，询问自己是否适合参加自主招生考试。

周围不少同学在申请参加自主招生考试，她的家长也认为自主招生可以增加被好大学录取的机会，所以也鼓励她报名。可她个人很犹豫，首先自己没有什么突出的才艺，再者还担心做"无用功"，因为准备自主招生考试会影响正常的复习。但其他同学对自主招生的热情，又让她难以静心复习，担心自己丧失了一次机会。

山东济南的一位父亲在知道孩子高考分数之后，向金战网求助：

孩子从小就立志考复旦大学，可依据孩子的学习成绩，进入复旦并没有十足把握。后来孩子通过了复旦大学的自主招生测试，孩子和家长便笃定一定能考进复旦。可高考成绩一公布，孩子竟然没有达到规定的文化课分数线，这对一家人来说犹如晴天霹雳。孩子情绪失控、不吃不喝，妈妈更是后悔不迭、寻死觅活。

原来孩子通过自主测试后，家长庆幸孩子高考可以不像其他学生那样经受煎熬了，并且认为这样的结果可能更利于考试发挥，于是在家长的暗示下，孩子也放松了复习备考，甚至有一段时间自己在家里复习，每天悠哉游哉地坐在沙发上，边学习边看电视。现在家长懊恼不已，恨自己没有提醒孩子用心备考，认为是他们断送了孩子的前途。

✓ 关键点分析

近几年，高校自主招生政策不断调整，试点学校的数量和自主招生的比例逐步增加，高校招生自主权不断扩大，越来越多的学生通过自主招生这条通道走进了心仪的大学。每所高校对自主招生的条件都有相当严格的标准，通过自主招生，高校倾向于招收那些在某方面有突出才能的考生，所以，并不是每个学生都适合参加自主招生考试。盲目加入自主招生大军，不仅花费很多的时间、精力和金钱，更是影响正常备考。可自主招生毕竟有很强的诱惑力，案例中的女孩，对自身条件有比较清楚的认识，但家长的"怂恿"和周围同学的积极备考，无形中影响了她的情绪，导致她不能够安心复习。案例中的男孩则因通过自主招生测试而放松备考，结果与理想的学校失之交臂，更是令人惋惜。另外，自主招生的整个过程可谓复杂、耗时，最终通过者其实寥寥。没能入围者往往受到打击，对高考也失去信心，这样反倒得不偿失。

❓ 关键帮助

自主招生毕竟是新鲜事物，国家在这方面的政策并不明朗，而且操作过程也存在这样那样的问题，所以家长和学生都要理性看待这条升学途径，看清其中利弊，不能简单地把它当成高考捷径。

（1）要理性看待自主招生政策。自主招生绝不适合每个学生。各校对自主招生报名条件都有很详细的规定，在申请参加自主招生考试时，家长一定要对照孩子的条件，看是否达到学校报考要求，综合考虑孩子的个性特质、突出特长等方面再做决定，否则盲目报考只能无功而返。

（2）以平常心参加自主招生测试。自主招生的测试内容完全有别于高考，考题灵活，面试时更多考查学生的综合素质。一旦学生决定走自主招生这条路，必然要投入一定的时间、精力，这样势必影响孩子正常的高考复习。有的学生为了增加录取机会，选择参加多所自主招生学校，考试忙于赶场，势必也会影响高三上学期的学习。另外，有些家长为了保证孩子通过测试，不惜重金为孩子聘家教和报培训班，无形中也容易加重孩子的心理压力。

自主招生考试毕竟录取比率较低，报考者要有心理准备接受这样的选拔，同时对于考试结果不可看得太重，以免因为被淘汰而影响情绪，继而影响正常的复习备考。孩子如果没有通过自主招生考试，千万不要妄自菲薄，断定自己考大学无望。其实，自主考试没入围并不代表高考就考不好。总之，不要把自主招生考试当成一条高考捷径，应以一颗平常心，慎重、理性地看待它。一切顺其自然，让孩子在高考中充分展示自己，发挥应有水平，不让孩子留有遗憾。

25 家有高考生，家长的心态怎样调整

高考前期，"金战热线"每天接到很多家长的电话，这些电话重复述说着广大家长的困惑和焦虑。或担心面临高考的孩子进入不了复习状态，或害怕孩子心理素质不好而影响高考发挥，或询问有什么技巧能让孩子在备考期间大幅提升成绩，或因孩子敏感、焦躁、难以沟通而懊恼……在父母眼中孩子都有诸多"不正常"表现，一方面表达了家长想帮助孩子高考取得成功的急切心情，另一方面也透露了家长对孩子高考的过度焦虑。

情景再现

河南的一位母亲通过"金战热线"讲述了自己的烦恼：

这位妈妈在20世纪80年代中期曾两次高考落榜，最后不得已做了一名国营商场的营业员。

去年暑假开学后，为了能够让女儿全身心投入高三学习，妈妈就把生意交给亲戚打理，全职照顾孩子的生活。刚开始孩子感觉这种安排挺好，母女相处十分融洽，孩子信心十足，学习也很投入，第一次诊断考试成绩达到了一本线。

老师们普遍认为，孩子只要能保持目前的状态，冲击重点大学的希望非常大。于是妈妈更是全力以赴帮助孩子，一方面密切关注孩子的一举一动，悉心照顾其生活；另一方面对孩子的学习也是责无旁贷，抽空就在网上搜集下载学习资料、高考状元的考试经等。可以说家中一切安排都以女儿为中心，电视也尘封了起来，甚至孩子学习时家人都要压低音量说话……

可渐渐地母亲却发觉女儿变了，情绪显得极为不稳定。父母只要提及"学习"、"考试"字眼，女儿就大吵大闹，甚至叫嚷着不想参加高考了。妈妈在女儿面前只能更加小心翼翼，赔着笑脸，唯恐稍不留意破坏了孩子的学习心情。

年前的最后一次考试给了妈妈当头一棒，女儿成绩已落到了二本线水平。丈夫看到妻子对女儿的过分迁就以及女儿成绩的下滑，不断抱怨妻子，夫妻俩争吵不休，家庭生活失去了往日的和谐，女儿的学习状态更让妈妈心焦。

✓ 关键点分析

高中生心理本来就不够稳定，进入高三后，升学的压力让很多孩子难以从容应对，他们的心理比平日会更脆弱。而家长的心态往往影响着孩子的情绪，家长稍不留意或处理方法不当，很可能帮了孩子的倒忙。过高的期待、过分的关注，只会给孩子增加无形的负担和更大的压力，也直接影响家长和孩子的沟通。孩子每次考试成绩排名的变化，俨然成为家庭和谐的晴雨表，高考成为让孩子难以承受之重。

❓ 关键帮助

心态决定成败。高考考学生，更是考家长。**希望孩子以良好的心**

态应对高考，首先家长需要调整好自己的心态：

（1）用平常心看待孩子的高考，不必过于执著。父母的期待一定要符合孩子的客观实际，否则容易影响自己的情绪，也给孩子带来巨大压力。父母千万不要指望儿女来实现自己未竟的愿望，这本身对孩子不公平，结果也常事与愿违。人生之路处处是考场，高考只是人生中参加的一次重要考验，也许成功，也许不尽如人意，把它当成一次人生历练就足够了。

（2）营造和谐的家庭氛围，尽量做到生活正常化。一些家长不解："我们并没有施加压力，但孩子依然很紧张。"其实，孩子压力的一部分源于环境，其中影响最大的当然是家长。当备考成了全家生活的重心时，孩子是敏感的，因为父母的焦虑和压力是掩饰不住的，这种"被关照"无形中给孩子增加了巨大的压力。所以，家长对孩子的关心要适度，尽量维持生活原状，给孩子一如既往的学习、生活环境。

（3）接纳孩子的现状，保持良好的沟通和交流。学习的状态和习惯不可能在短期内改变，指望孩子的学习方法和学习成绩考前有大幅提高是很不现实的。如果父母能够无条件尊重孩子、接纳孩子的现状，孩子就会有足够的底气和信心，以更平和的心态投入学习。家长与孩子交流时，尽量不要主动谈论学习、高考等，更不要唠叨、指责孩子，这只会增加孩子的压力和反感。另外，可以尝试使用肢体语言或书信沟通，适时拍拍肩膀、送去温情的眼神，真诚表达"只要尽力就够了"。当真切感受到父母的关爱、理解和支持，孩子焦躁的情绪自然会缓解，自信心也会增强。

（4）引导孩子正确面对成绩的起伏。进入复习后期，孩子每次模拟考试的成绩都会备受关注，有的孩子会因为成绩提高而高兴地忘乎所以，这很容易导致下一次的滑坡；有的会因成绩下降而苦恼，甚至从此一蹶不振。对于这两种情况家长都应该注意，引导孩子理性地看待成绩的起伏。对于成绩提高要借机鼓励，坚定信心，也要不忘给孩子敲下警钟防止骄傲。而对于成绩下降，工作更应做到位。

26 高考之前，家长如何帮孩子调整心态

高考是孩子遇到的第一个重要人生关口，对孩子个人乃至整个家庭都意味着很多。学生心态过于起伏，无疑会影响其考前的正常复习和考场的正常发挥。因此，高考之前，调节好孩子的心态尤为重要。

情景再现

高考前夕，河北保定的一家三口来找我们咨询。

女儿成绩优异，性格活泼开朗，坚强自信，生活和学习中遇到困难都能自己妥善解决。对于高考，孩子有非常清醒的认识，对未来也有一个切实的规划。女儿的"大将风度"让父母很欣慰，他们也坚信女儿在高考中会有不错的发挥。但是，临近高考，女儿却出现严重的紧张、焦虑情绪，甚至寝食难安。

经过了解得知，女孩最后一次调考成绩有些滑落，而同桌的成绩有很大提高。临近考试，成绩不升而降，这让女孩多了几分紧张，更担心高考也是这样。于是，之后的睡眠状况非常不好，有时甚至彻

夜不眠。即使偶尔睡着也是噩梦不断：要么是高考试卷的题看不清，要么就是找不到考场。每天早晨起来无精打采，一天的情绪也会很糟，还经常感觉头痛、头晕。上课时注意力难以集中，学习效率明显下降。

孩子知道自己是过于紧张了，老师也告诉她要注意放松，可以多跟同学交流或做些自己喜欢的事情。女孩尝试着这样做，可跟同学聊天时还是念念不忘复习、考试的事情。她向父母倾诉苦恼，父母也安慰她不要紧张，可她就是难以放松下来。因此，父母带孩子来咨询。

✓ 关键点分析

面对高考，每个孩子的反应各有不同。有的持无所谓的态度，得过且过；有的则盲目自信，放松了备考；而考生中最为普遍的表现就是紧张、担忧考试。案例中的女孩就是典型代表，她考前的心态变化在考生中很常见。孩子学习动机过强、父母期望值过高、孩子成绩的波动以及与同桌成绩的对比，会给孩子带来极大的压力，由此引发烦恼、焦虑等不良情绪，直接影响了孩子的日常生活和学习。

所谓"过犹不及"，对考生来说，考前较理想的心理状态是保持适度紧张，这样才有利于良好的发挥。

❓ 关键帮助

针对孩子普遍存在的紧张与焦虑现象，家长要有意识地帮助疏导。

（1）为了让孩子释放紧张、焦虑的情绪，家长要与孩子保持顺畅的交流。让孩子有机会把心里的苦恼说出来，压力才能释放，紧张的情绪才会有所缓解。家长要注意捕捉时机，跟孩子平等地交流，可以选择一些孩子感兴趣的内容或社会性话题，尽量不要过多涉及高考，当然也无须刻意回避。

（2）家长尽量不要对孩子表现出过分关注，要给彼此更大的空间。面对高考，家长的心情有时候比孩子还紧张，这种紧张情绪尽量不要在孩子面前流露出来，因为这会无形中增加孩子的心理压力。家长要像平时一样与孩子相处，尤其不要改变日常的生活习惯和生活节奏。考试期间，家长尽量不要询问每场考试的情况、追问孩子的成绩等，避免谈论让孩子分心的话题。家长还要做好充分的心理准备，应对孩子考试中可能出现的种种问题。

（3）如果孩子的心理状态已经影响了正常的学习和生活，那就需要求助心理咨询师的帮助，进行恰当的心理调试，增强孩子自我调节的能力，让孩子轻松、自信地走进考场。

27 面对高考作弊和高考移民，如何摆正心态

每年高考过后，媒体上对作弊案频频曝光。作弊器、冒名顶替、高考移民、民族加分、人为操作的电脑排座等，作弊花样不断翻新，甚至呈现出电子化、信息化、职业化、规模化的特征，令很多家长和考生困惑不已又深感无奈。

情景再现

高考前,一位考生妈妈发现孩子在房间内用笔在纸上涂划着什么,看到妈妈时,儿子慌忙把纸笔收起来。妈妈感觉孩子的举动、表情有些怪异,经过再三追问,儿子才道出实情。原来前些天儿子和班里几个同学一起购买了"作弊"笔,以备考试万一能用上。这种笔从外观看和普通的笔几乎没什么区别,在纸上或手上写字后,肉眼是看不出来的,但在笔尾的荧光灯照射下,所写内容就清晰可见了。妈妈了解情况后,当即狠狠批评了儿子一顿,并教育他要凭真才实学参加高考。

没想到儿子的反应却异常激动,他指责父母对他的高考不关心,如果父母有本事帮他高考移民,他就不需要买作弊笔了。原来,楼上邻居家为了孩子高考,动用关系将儿子的户口迁到西部某省区,儿子前年在西部参加高考进了清华大学,可如果在原籍,凭他的成绩连省内的重点大学都没有把握。自己的成绩比邻居家儿子要好很多,儿子想到这事,内心自然很不平衡。儿子还说,同学中有找高二学生替考的,还有改民族加分的,如果自己考试时不想点办法,那不吃大亏了吗?儿子的话让妈妈震惊。她不知道,自己诚信做人的信条对此时的儿子还有多大的说服力。

关键点分析

案例中的男孩,面对周围人在高考前的种种作弊行为,情绪肯定会受到干扰,他愤懑、困惑而又无奈,也找不到维护自己利益的途径,只能一试身手以求公平。而对于这个选择,孩子的内心也很忐忑。我们为这位"大义灭亲"的妈妈而感动,也担心着这位妈妈的担心。周围人的高考作弊行为,很可能在孩子开始人生第一步的时候,就让他对社会的公正、对做人的诚信产生了怀疑,将会影响孩子以后做人处事的态度。

❓ 关键帮助

面对周围高考作弊者的屡屡成功以及门类繁多的作弊手段,很多家长和学生很难做到心静如水。孩子毕竟还小,所以需要家长放平心态,坦然面对各种诱惑,坚定地与孩子一起守住最后的防线。

家长要帮助孩子认识到,其实作弊者毕竟是少数,绝大部分考生是遵守考试原则的,不能因为少数考试舞弊者而影响自己的心情。凭个人能力无法改变这一现实问题,但能改变的是自己的心态。

投机取巧、营私舞弊者虽然可能一时得逞,但漫漫人生之路上要经历无数次考验,不可能每次都蒙混过关。

高考是孩子人生中接受的第一次重大考验,家长要给孩子以信心勇敢地接受挑战。通过高考,让孩子感受激烈的竞争,锻炼抵御诱惑的能力,学会承受一定的压力和社会责任,从而进一步激发孩子前进的动力,勇敢面对人生的一次又一次挑战。这才是家长留给孩子的真正财富。

高考临近,家长如何配合孩子

孩子十年寒窗,前期付出的种种努力能否有一个圆满的结果,家长和孩子仿佛把宝都押在了高考上。家长都希望在关键时刻能够最大限度地帮助孩子,更多地为孩子做些事情。孩子复习迎考,家长究竟做些什么才能有效帮助孩子呢?

情景再现

山西大同的一位母亲拨通热线,一定要聊聊孩子的事情:

孩子高三开学,全家经过协商,一致同意母亲辞职在家全力照顾孩子。从孩子的衣食住行到家教辅导,都是母亲一手操办。母亲每天忙得团团转,儿子却显得"轻松"了许多,所有日程被母亲安排得满满的,他要做的就是机械地服从于母亲的指挥,仿佛要赶考的是母亲而不是儿子。

母亲忙得焦头烂额,孩子的成绩却跟妈妈的付出不成正比。家人商量决定由爸爸和孩子进行正式谈话。然而,孩子和爸爸的对话却让家人瞠目结舌:"所有的事情你们不是都安排好了吗?学习上的事情问我妈就行了。你上了好大学,不一定我也要上啊!再说了,老爸你挣的钱不就是给我花的吗?我上了大学又能怎样?"一家人都是"为了孩子好",可不知道做错了什么。妈妈更是感觉挫败,自己的良苦用心、辛苦付出,儿子竟全然不领情。

关键点分析

可以说,高考之前家长的所作所为,虽然都是为了给孩子以支持和帮助,但方式、方法不同,效果也会大不相同。

案例中一家人的遭遇,其实很常见。家长都希望孩子学会自立,但又不能容许孩子成长中走弯路、犯错误。所以很多家长希望在孩子人生的关键路口能够为孩子"把好舵",从生活起居的安排、复习资料的选择,到给孩子选学校、定专业,家长俨然成了高考战场上的指挥官。学习、高考本来是孩子自己的事情,需要孩子为自己的事情负责,可很多家长却越俎代庖了。

关键帮助

(1)家长要从内心认识到高考是孩子自己的事情,孩子要为当下这件事负责。家长要向孩子表明:父母相信你能做得好,你需要父母为你做些什么?家长和孩子之间最好通过协商,明确孩子复习迎考时哪些事情是孩子自己要做的,哪些事情是父母要做的,哪些需要父母协助孩子来做,哪些是父母不能做的。

(2)家长最好不要妄加指点孩子学习,甚至替代孩子制订复习计划、传授应考技巧。家长需要用心扮演好"高考助手"的角色,尽力帮助搜集一些准确、权威的信息和资料,至于学科和应试指导,需要时可以寻求有经验老师的帮助。

(3)家长默默陪伴孩子一同走过考试,给孩子以支持和力量,对家长来说是一种全新的体验,也是家长成长的一个过程。亲子间相互支撑,一起经历这段非常的日子,将成为彼此人生中巨大的一笔财富。

29 高考前一个月，怎么安排孩子的学习和生活

> 🎬 **情景再现**

河南驻马店的一位妈妈，在"金战热线"中讲述了自己的担心：

女儿进入高三以来，各方面一直表现得比较平稳。高考临近，妈妈专门请假陪伴孩子，希望孩子考前一个月能够做好充分的准备。妈妈每天按照考生食谱给孩子安排饮食，还增加了一些健脑补品。可女儿好像并不领情，吃饭时总显得食之无味，特别是喝牛奶时，简直就像喝中药（孩子从小就不喜欢喝牛奶）。妈妈说看到这情形真的很着急，这么高强度的学习，担心孩子营养跟不上。

家长会上，老师强调家长要提醒孩子劳逸结合、注意休息。女儿成绩一般，几次模拟考试问题都出在综合题上，所以妈妈希望女儿考前多做些综合题，考前冲刺一下。可女儿对此毫不理会，每天10点半就休息。孩子这种状态让妈妈很不安，因为听说邻居家的孩子每天要复习到12点。每次跟女儿说起这些事情，孩子总是很烦躁。这让妈妈左右为难，说多了唯恐影响孩子情绪，可不说她自己又恼火。

关键点分析

从整个复习过程来看,最后一个月是一个调整期。在这段时间里,孩子主要是为高考做好心理、生理、学习内容等方面的准备。比较妥当的方法就是保持一如既往的生活、学习状态,保持固有的学习节奏、熟悉的环境和常态的生活,以缓解临近考试难免出现的紧张和心理疲劳。

关键帮助

如果考生心态调整得好,能够准确定位自己复习的突破点,明确复习策略,再加上合理的饮食、充足的睡眠,形成良好的生物钟,对于考生尤其是中游的学生来说,考前一个月要想提高成绩还是有很大可能的。

(1)根据孩子的具体情况合理安排复习内容和学习方式。考前一个月,回归课本、夯实基础知识才是关键,绝不能以单纯做题替代复习。学习的重点要放在查漏补缺、总结经验教训、知识点梳理和整体回顾上。考前头脑中要有比较清晰的知识结构图,对各科复习提纲的回顾以及对以往错题的反思等,都有助于考试时知识的再现和思路的打开。

我曾写了一本《考前30天必做60题》,奉献给广大高三考生,虽然这本书很薄,却将整个高考数学的重点都涵盖了,考前30天每天只需做两道题就会有很大的提高。很多使用了这本书的考生给我反馈,高考中数学都有较大程度的提高。

这个阶段复习要跟着学校老师的安排走,但更重要的是考生根据个人实际情况,有针对性地解决自己平时出现的失误点和盲点。可以适量减少做题,做题时要有取舍,不是应付老师的任务,关键是有针对性地解决自己的问题。案例中的妈妈，让孩子考前苦攻综合题，显然是不合适的，这段时间应该力争让孩子把已熟悉的内容真正掌握了。把平时会做的题考试时都做对了，就是理想的结果。

（2）饮食顺其自然，注意营养均衡。考前饮食要注意合理搭配，均衡饮食才是最优营养。考前刻意增加营养甚至进补并没有太大意义，根据天气状况、孩子身体状况和饮食习惯，进行适当的微调还是必要而有益的。对于市场上各种标榜着提神醒脑的产品，家长选择时更要慎重，不要期待那些东西会产生"特异功能"。如果确实需要服用某些产品，也要做到适可而止。另外，孩子要保持充足的体力和旺盛的精力，适量的体育锻炼是必需的。

（3）注意劳逸结合，形成良好的生物钟。考前的一味苦读会使大脑产生自我抑制，容易导致学习疲劳，降低学习效率，对考试非常不利。所以，这段时间不要再沿用以往高强度、长时间学习的作息表。适量安排一些娱乐活动和体育锻炼，同时要注意节制，尽量远离电视连续剧、网络游戏、剧烈的体育活动等，以免过度消耗精力。这段时间一定要注意调整自己的生物钟，最好能将作息时间与高考时间吻合，争取把孩子的生理兴奋点调到与高考相应的时间段。

30 填报高考志愿时，孩子和家长意见不一怎么办

每年高考前后，填报高考志愿也是令众多家长、考生异常棘手的事情。报考哪所大学、选择哪个专业仿佛成为决定孩子命运的大事。

不少家长认为孩子涉世未深，没经验、不懂事，因此，希望自己能够掌握更多的信息，以便帮助孩子做出正确的选择。

情景再现

高考结束后，山东一位考生的父亲打来电话，咨询女儿报考专业的事情。

他所在的国税局系统对于职工子女参加高考有优惠政策，只要考生达三本线就可以上对口院校，毕业后税务系统直接接收。多么好的机会！女儿却执意不从，她想报考当地一所大学的中文系。孩子母亲认为学中文没有发展前途，不知名的大学中文系毕业生将来无非进中学做教师，这跟税务部门是无法比的。

女儿从小酷爱读书，尤其受一位初中语文老师的影响，对文学产生了浓厚的兴趣，课余时间阅读了大量现当代文学作品。这些东西对于她的同学来说，都是"老土"，女儿却如醉如痴。家长试图阻止，结果也是无功而返。孩子文笔非常好，在中学生作文大赛中多次获奖，还时不时有"豆腐块"在当地报纸上发表。按说女儿选择中文专业是最合适的，可现实却让父亲处于两难境地。

父亲困惑而无奈，不知今天的选择带给女儿的将是什么？

关键点分析

选择专业很重要，今天的选择可能决定了一个人一生的行业。孩子专业的选择需要综合考虑各方面的因素，绝不能盲目跟风，尤其要考虑自身条件、兴趣、特长、发展潜力等方面。现实中，很多考生向往和羡慕"热门"专业，而所谓的"热门"只是指一定时期内社会需求比较强烈、薪水较高或比较新潮的专业，它不可能经久不衰，而是紧随社会和市场行情不断变化的。社会对人才的需求是具有周期性规律的，现在看起来"热"的专业，未必将来持续热。

一个人只有做自己喜欢的事情，才能激发出极大的学习热情、探索欲望和创造力，更多体验到工作带来的愉悦。因此孩子在选择专业时，不必过于关注专业的"冷"与"热"，即使长盛不衰的"热门"专业，如果孩子不喜欢，也是难以有所成就的。

❓ 关键帮助

（1）孩子报考志愿、选择专业最好先做职业规划。比如，可以通过专业的职业倾向心理测评，了解孩子的兴趣、能力和人格特点，更加全面地了解孩子适合的专业或从事的工作，明确职业发展目标，以便做出恰当选择。

（2）综合考虑多方面的因素，辩证地看待"冷"、"热"专业。要充分考虑孩子的高考成绩、社会发展、未来就业前景等客观因素，着重考虑孩子的兴趣和潜力以做出明智的选择。更要以发展的眼光来看待目前专业的"冷"、"热"，也许现在的冷门专业，5年、10年之后这方面的人才会供不应求。

（3）尊重孩子的意见和选择。家长只是提供成熟的建议，绝不能代替孩子做决策。现在学生的知识结构、知识的深度和广度，好多家长是比不了的。有些时候，孩子对报考的规律、某些专业的行情等可能比家长了解得更深刻，而且对个人理想、特长、自身条件等把握得更准确。所以家长和孩子要共同协商，以便孩子做出恰当的选择。只要孩子自身综合素质高，将来他无论从事什么行业都可以做得很好！

31 高考失利,家长如何帮助孩子走出阴影

既然是考试,就会有落榜者;既然是竞争,就会有失败者。高考成绩尘埃落定,有的孩子成绩优秀,却由于种种原因没能进入理想的大学;有的则由于基础较差,最终无缘走进高等学府。如果孩子高考失利,家长将以怎样的态度来对待呢?是家长斥责、孩子懊恼,一家人伤心、绝望,还是家人一起客观分析、坦然面对?

情景再现

山东青岛的一位母亲,高考分数出来后,痛哭着拨通了"金战热线":

孩子年初已顺利通过某著名大学的自主招生水平测试,取得预录取资格。可以说,这一结果为家长挣足了面子,同事、朋友羡慕不已。孩子等于已拿到了半张这所名校的录取通知书,只要高考正常发挥,完全有把握入读这所名校,就连学校老师也建议孩子可以适当放松。几次模拟考试,都没有什么问题,孩子比较自在地度过了考前几个月,家长也庆幸孩子逃脱了"黑色"的考验,满怀希望地等待着胜利时刻的到来。可不曾想,高考分数公布,孩子却以3分之差无缘这

所大学，家长、孩子都无法接受这一现实。于是一家人闭门不出，几天没有正式吃过一顿饭。母亲说自己无脸见人，这样的结果一定会被别人笑话，更担心孩子从此一蹶不振。父母相互指责，十分懊恼没有尽到家长责任，考前没能督促孩子好好复习。

✓ 关键点分析

家长都望子成龙，希望孩子能出人头地，光耀门楣。案例中孩子的高考结果的确令人惋惜，但不论如何，失利的结果是无法改变的，后悔、抱怨无济于事。如果家长过多考虑自己的面子，容易加重孩子自责、愧疚的心理。

? 关键帮助

孩子毕竟是孩子，他们的心理承受能力相对较弱，在孩子经历重大挫折的关键时刻，家长需要给孩子切实的关爱与指导，帮助他们正确分析和认识这一事件，从而尽快走出失利的阴影。

（1）引导孩子正确看待挫折。孩子遭遇挫折后出现心情烦躁、灰心丧气的消极情绪，往往不是挫折本身造成的，而是由于孩子对挫折的不正确认识引起的。经历挫折是令人不快的，可挫折让孩子反思自己的错误。如果能够正视挫折、积极想办法解决问题，就能够坦然面对更多的挫折。

（2）帮助孩子理清杂乱的情感和思绪。当孩子经历挫折烦躁不安时，家长要试图理解、接受孩子的内心感受，而不要急于简单地宽慰、讲道理、给建议；要教孩子尝试一些缓解负面情绪的方法，把自己的痛楚说出来、发泄出来，趋于恢复理智。孩子感受到父母的理解和支持，困扰就会减少许多，也更有信心和能力战胜挫折。

32 孩子选择复读，家长如何帮他缓解心理压力

有竞争就会有输赢，在高考的竞技场上总有人要品尝失败的痛苦。对大多数孩子来说，高考的失利可能是他们人生历程中遭受的第一次重大挫折，在孩子的心理上或多或少都会留下挥之不去的阴影。这究竟是孩子成长的一次历练，还是学习生活中的一个包袱？

情景再现

山西的一个男孩，第一次高考以两分之差与自己心仪的大学失之交臂。他不愿意委屈自己去读一所不喜欢的学校，于是选择了复读。开学之初这个学生信心百倍，下决心要在第二年给大家一个惊喜。他很快融入复读生活，情绪高涨，学习十分投入。可一段时间后，老师们察觉到这个男孩有点变了，变得少言寡语，跟老师、同学探讨问题也少了，不能集中精力，学习效率不高，成绩也有下降的趋势。原来，当激昂的情绪渐渐平静后，他突然开始质疑自己的选择。当接到昔日好友从大学打来的电话时，当第一次月考自己的成绩没有大幅提升时，当他面临繁重的复习任务时，他开始怀疑第二年是否有能力达成自己的心愿。他开始懊悔自己当初没有更努力一些，懊悔自己复读的选择，他甚至怀疑自己就是这个水平，即使再学一年也不可能有

根本性进步。如果当时选择读一所其他大学，可能状况要比复读好得多。

✓ 关键点分析

高考成功取决于雄厚的实力加良好的心态。复读生能否在第二年高考中制胜，一定程度上取决于自己的心态。既然选择复读，就要快速走出高考失利的阴影，迅速投入到复读生活中来。要有足够的心理准备和足够的信心面对复读学习和生活中的一切问题。

案例中男孩复读后情绪的变化，在复读生中是很常见的。他们一开始因为不愿意面对失败，因此会有很强的信心，觉得自己有能力在未来一年做得更好。但这并不等于说失败对他们没有影响，而只是这种影响暂时被一种渴望胜利的强烈感觉压制住了。等到他们情绪平静下来、需要面对现实问题的时候，失利的阴影和各方面的压力就会笼罩他们，使其对自己的选择和能力产生怀疑。所以，复读生要学会根据复读不同时期所出现的不同心理问题，采取有针对性的心态调节方法，及时化解心理问题，以确保平稳地走过这段特殊的日子。

? 关键帮助

复读的选择虽然是一样的，但每个学生的自身条件和选择复读的原因各不相同。要想取得理想的复读效果，对于家长来说，帮助孩子调节好心态、摆脱高考失利的阴影、缓解他们的心理压力是最重要的。

（1）复读生的压力很大一部分来自于家长，所以家长首先要调整好自己的心态。孩子高考失利，第一次面对人生重大的挫折，难免会对自己的能力产生怀疑，难免会有灰心气馁的情绪，有的甚至会觉得愧对家人、老师而产生极度的自责心理。家长这时候一定要注意控制情绪，更不能认为孩子高考失利令自己脸上无光。此时家人的关爱将化为一种强大力量，帮助复读生走出阴影、战胜自我。

（2）有许多孩子高考失利并不是因为不够努力，而是因为学习方法存在一些问题。这样的孩子如果不能改进学习方法，即使复读一年，成绩提升的空间也是有限的。因此，做家长的要努力帮助孩子调整学习方法，提高学习效率。客观地说，很大一部分家长并不具备这方面的能力，因此可以尝试和老师或其他专业人士进行沟通，共同探讨，以帮助孩子从根本上解决问题。

（3）家长还要帮助孩子客观地分析形势，分析自己的长处和不足，找准自我定位。既不要把目标定得太高，不能好高骛远、眼高手低，也不要妄自菲薄，产生破罐子破摔的心理。这样，在复读中才有可能达到最佳状态，也才有可能赢得最终胜利。

我选择，我快乐！既然选择了复读，就要坦然走过复读！

延伸阅读

编辑的话 亲爱的读者,感谢您选择了这本书。如果没有您,这凝聚了作者与编辑心血的作品,就太寂寞了。

《王金战育才方案——学习哪有那么难》

半年热销 50 万册,雄踞教育类图书排行榜第 1 名
一位超级教师的育才奇迹,他的方法竟如此简单

王金战用实践证明了"没有教不好的孩子",而他的方法却如此简单。他的每个精彩故事都融入了深刻的教育智慧和独特的王氏幽默,告诉我们:差生和优等生之间只隔着一层窗户纸,而它随时可以轻轻捅破。

他的教育方法适用于所有的中国家长和老师,也能启迪所有的学生找到自己身上巨大的潜能。

作者:王金战 定价:28.00元 ISBN:978-7-301-15137-2

《究竟什么样的孩子适合留学?》

金牌教师王金战与美国名校讲师精英强强联合
深度解析成功拿到理想offer的方法诀窍
全面揭示快速融入美国高校的生存法则

为什么要留学?如何更好地规划留学?孩子的个性和能力适合选择什么专业?孩子的职业理想与专业不一致怎么办?

金牌教师王金战与美国名校讲师、赴美留学精英强强联合,从孩子的学习成绩、兴趣爱好、个性特长、人生理想等一系列因素出发,做出全方位的精准分析,帮助你找到最适合孩子的留学方案!

作者:王金战、刘媛媛 定价:32.00元 ISBN:978-7-301-18379-3

《我要做个好家长》

改变孩子一生的创新教育
数十万家长和孩子受益的家庭教育新模式

本书内容在全国各地已经培训和训练过数万家长,反响强烈,是家教领域的优秀读本。郑委老师从德行、幸福、责任等家长耳熟能详却很难回答出所以然的基本概念入手,在改变家长教子观念的基础上,达到教育好孩子的目的。家长如果能够静下心来去记忆、理解、应用、感悟八个基本概念的话,教育孩子就是一件轻松快乐的事情,做有智慧的父母也不再艰难。

作者:郑委 定价:32.00元 ISBN:978-7-301-18837-8

《为孩子做出1%的改变》

颠覆性的创新理念
凝聚家长教育核心理念的开篇之作

本书致力于改变家长的教育理念,帮助孩子和家庭找到幸福。作者围绕自己独创的"1-5-8家长教育理论模型",为家长解决了几个至关重要的基础问题:培养孩子的目的是什么?好孩子的标准什么?什么样的成长模式才是幸福的?在不同的成长阶段,孩子需要家长的哪些帮助?解决了这些问题,家长就会成为一名智慧家长,能够轻松应对家庭教育中的各种问题。

作者:郑委 定价:28.00元 ISBN:978-7-301-17038-0

《父母做对了 孩子才优秀》

原则科学高效,方法简单实用
已令数十万家庭和孩子受益

对家长来说,"教育"比"养育"更重要。父母提供给孩子的不应只是物质的满足,孩子需要的也并非仅是停留在口头上的"你真棒"。如何正确地教育孩子,让孩子成为优秀的人才?作者提供给中国家长最有效的教子原则,不仅告诉你"怎么做"成功父母,更重要的是了解"这么做"的理由。更新你的教育理念,让你的孩子成为德才兼备、真正幸福的好孩子!

作者:郑委 定价:28.00元 ISBN:978-7-301-16657-4

《爱学习 会学习 能学习》

孩子学习出了任何问题,
家长都可以翻开这本书找答案

学习不主动、上课注意力不集中、写作业磨蹭、贪玩、粗心……孩子学习上的问题,家长是怎么应对的呢?义正词严地提要求、苦口婆心地讲道理、声色俱厉地批评、给孩子报辅导班、买高科技学习产品……却都很难奏效。作者结合多年的教育经验告诉家长,只要家长正确引导,孩子的学习问题都不难解决。让孩子爱学习、会学习、能学习,方法就在书中。

作者:郑委 定价:28.00元 ISBN:978-7-301-16861-5

更多好书,尽在掌握

大宗购买、咨询各地图书销售点等事宜,请拨打销售服务热线:010-82894445

媒体合作、电子出版、咨询作者培训等事宜,请拨打市场服务热线:010-82893505

推荐稿件、投稿,请拨打策划服务热线:010-82893507,82894830

欲了解新书信息,第一时间参与图书评论,请登录网站:www.21tbcbooks.com.cn

你会猜物价吗?

本文节选自《数学是怎样学好的》(初中版)

中央电视台财经频道有个栏目叫"购物街","购物街"经常玩一种猜物价的游戏,在限定时间内,节目主持人让购物宝贝出示一件物品,然后请嘉宾猜物品的价格.这件物品的价格是个整数,以元为单位,假定这个物品的价格是 A 元.嘉宾说出一个数字以后,如果这个数大于 A,那么主持人会提示说"高了";如果这个数小于 A,那么主持人会提示说"低了",然后嘉宾继续猜.如果在规定时间内,嘉宾猜对了,那么这个物品就归嘉宾所有了,并且可以继续猜下一个物品的价格,直到最后用完规定时间为止.

电视机前的观众,经常为猜对价格获取丰厚礼品的嘉宾欢欣鼓舞,为猜错价格一无所获的嘉宾扼腕叹息.

如果你有机会参加这样的游戏,你会用什么方法去猜价格,才能在规定时间内获取尽可能多的奖品呢?

例如:购物宝贝出示的物品是一款汽车导航仪.

嘉宾:1000 元!

主持人:高了!

嘉宾:600!

主持人:低了!

嘉宾:800!

主持人:高了!

嘉宾:700!

主持人:低了!

嘉宾:750!

主持人:低了!

嘉宾:775!

主持人:高了!

嘉宾:768!

主持人:对了!这款导航仪归你了!

以上猜价格的方法,简单而有效,这就是著名的"二分法".在上面的例子中,嘉宾第一次猜的价格是 1000 元,偏高;第二次猜的价格 600 元,偏低.这样正确的价格应该是一个介于 600～1000 的数.接下来,我们采取"二分法",第三次猜的价格就是 600 和 1000 的平均数 800,这样物价的范围被缩小到 600 至 800 之间.

同样的方法,第四次猜 700,偏低.第五次猜 750,偏低,经过第五次,物价的范围就被缩小到 750 到 800 之间.第六次猜 775,偏高.此时考虑物价的习惯,一般用 8 结尾,所以可以猜 768 了.

"二分法"的优点在于,将搜索的范围逐次减半.开始跳步大,速度快,后来逐渐减小,仔细搜索,使正确答案不会遗漏!

用二分法还可以估算一个无理数的近似值.

例如,我们要求出 $\sqrt{88}$ 的近似值最接近哪个整数,可先看 $\sqrt{88}$ 介于哪两个整数之间.

∵ $9^2 < 88 < 10^2$,∴ $9 < \sqrt{88} < 10$.

然后借助二分法,求出 $9.5^2 = 90.25$,所以 $9.5 > \sqrt{88}$.

所以 $\sqrt{88}$ 介于 $9 \sim 9.5$ 之间,所以 $\sqrt{88}$ 更接近 9.

编后语:王金战老师主编的《数学是怎样学好的》(初中版)已上市,《语文是怎样学好的》(初中版)、《英语是怎样学好的》(初中版)、《物理是怎样学好的》(初中版)、《化学是怎样学好的》(初中版)即将与读者见面.

丁俊晖怎样打出这一球

本文节选自《数学是怎样学好的》(初中版)

被英国媒体称为"东方之星"的丁俊晖,性格内向、好强,是个外柔内刚的孩子,非常适合台球运动.他8岁半接触台球,13岁获得亚洲邀请赛季军,从此"神童"称号不胫而走.

2010年中国公开赛,状态出色的小晖一路战胜了塞尔比、艾伯顿、艾伦这三位跻身世界TOP16的高手,闯入决赛.面对"金左手"威廉姆斯,小晖在上半场5∶4领先的大好形势下痛失好局,最终6∶10不敌对手,屈居亚军.但在这次比赛中小晖9杆破百的恐怖火力不禁使人叹服,同时本赛季破百数量超过奥沙利文,位居世界第二,临时排名跻身TOP5,单季积分回到世界第一.

我们关注的是,"台球天才"丁俊晖怎会创造如此辉煌的成绩,与他的智慧有关吗?回答是肯定的,不仅需要天赋,让我们惊讶的是他在不少球的处理技巧时竟然运用了"轴对称"的数学知识,下面我们关注一个场景:

如图2-1所示,$EFGH$为长方形的台球桌面,有黑白两球分别位于A、B两点位置上.丁俊晖根据台面情形,分析需要使黑球先碰撞台边FG,反弹后再撞击台边GH,再反弹后击中白球.

你知道丁俊晖为何这样处理这一杆球吗?试帮助分析并确定出FG、GH上撞击点的位置,作出黑球的运动路线.

丁俊晖是这样考虑的:由轴对称的性质可以构造出如图2-2的情形,作法如下:

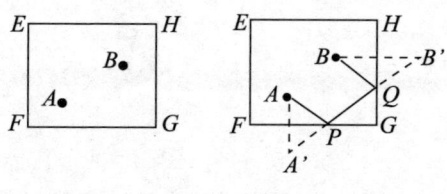

图 2-1　　　图 2-2

(1)作点 A 关于 FG 的对称点 A',作点 B 关于 GH 的对称点 B'.

(2)连结 A'B',分别交 FG、GH 于点 P 和点 Q.P 和 Q 即为所求的两个撞击点.黑球的运动路线为 AP—PQ—QB.

我们注意到,这是一个经典的轴对称模型问题.怎样才能联想到这种最值模型呢？这里体现了一种数学转化思想,也就是,当我们不能确定白球先撞击到台边上哪一点时,就要思考这个问题究竟考查什么？怎样才能达到目标？假如这点已经存在,它能满足什么样的条件？……这些问题的思考,有助于我们将问题转化成脑海中已有的"模型",从而解决问题.**同学们要注意积累这种"最值模型",图形问题中的很多最值问题会用到这个经典模型.注重积累模型不失为学习几何的一个"捷径".**

编后语:王金战老师主编的《数学是怎样学好的》(初中版)已上市,《语文是怎样学好的》(初中版)、《英语是怎样学好的》(初中版)、《物理是怎样学好的》(初中版)、《化学是怎样学好的》(初中版)即将与读者见面.

品味京剧《华容道》,看活动方案的优化

本文节选自《数学是怎样学好的》(初中版)

2010年11月16日,京剧被列入"人类非物质文化遗产代表作名录". 我接触京剧5年,酷爱京剧艺术,对京剧《华容道》更为喜欢,久听不厌. 该剧取材于《三国演义》第五十回"诸葛亮智算华容 关云长义释曹操". 曹操兵临赤壁,为周瑜施火攻所败,全军覆没,狼狈北逃.

曹操北逃第一关"乌林". 曹操笑周郎计不高. 这头一笑叫赵云杀得好跑.

北逃第二关"葫芦口"时,曹操"心中实服了妖道孔明",但有了第二笑被张飞赶了一个魂魄飘,无奈只能赶往第三关"华容道".

华容道,无法过关. 诸葛亮安排关云长把守,云长重于信义,曹操苦苦哀求并陈以往日款待之义,云长因见其怜,果为所动,慨然允诺而释之,曹操始得逃脱.

京剧《华容道》充分展示了诸葛亮的深谋远虑,这里有多个层次的深度. 一是对曹操北逃的三关都做到精准的研判,二是第三关"华容道"安排了关云长,放曹操北逃,这是因为赤壁之战已经重创了曹操,这个时候把他放走符合长期利益,安排关羽在华容道就是因为诸葛亮知道关羽为人重义,肯定不会杀对他有未报大恩的曹操,换了赵云或者张飞就不会这样了. 这是符合当初"隆中对"之长

远规划的.

对于这个京剧的意境,我在解题教学时,曾多次跟学生提过,在很多解题方案的优化上都有体现.下面是一节"勾股定理逆定理"数学活动课上,对一个活动方案"怎样判定石碑面上的角是直角"的优化,大家来看看当时的课堂实录:

公园里有一块刻有花纹的石碑,有一个面形似长方形(图3-1),但不知道这个面上的角是不是直角.你能想出办法来证明$\angle C$是不是直角吗?

志刚:这好办,用量角器量一下不就得了.

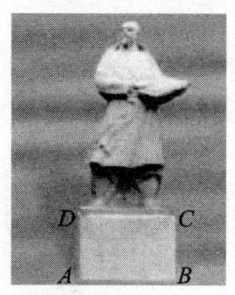

图 3-1

老师:这个办法很好,如果利用本节所学的知识你还能想出其他的方法吗?

慧敏:老师,我想起来了,可以用刚学的三边平方的关系来判定.

老师:说说你具体的做法.

慧敏:如图3-2所示,我可以先量出BC和CD的长,再量出对角线BD的长,然后计算一下BC的平方与CD的平方和是否等于BD的平方,若相等,那么$\triangle BCD$就是直角三角形,$\angle C$就是直角;若不相等,那么$\triangle BCD$就不是直角三角形,$\angle C$就不是直角.

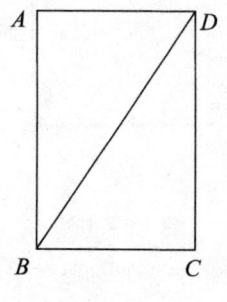

图 3-2

老师:你的想法很好,能运用本节所学的知识解决实际问题.

智强(急忙举手):老师,我觉得这种方法并不可行,也不切合实际.假如这块石碑很高很大,要测量这三条边的长会很困难.我有更好的方法.

老师:说说你的方法.

智强:如图3-3所示我可以在 BC、CD 上分别取两条较短的线段 CE 和 CF,再连接 EF,然后分别测量它们的长,再利用勾股定理的逆定理就可以进行判断.这样做就减少了计算量,简化了计算.

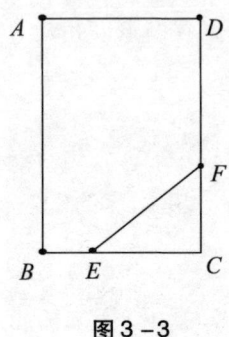

图 3-3

老师:你的想法比上位同学的想法更好,有其可行性、可操作性.但是,当你测量的边长是小数时,计算起来不也是很麻烦吗?大家能不能把他的方法再改进一下?

(大家陷入思考中……)

灵芝:老师,我有更好的办法.对 CE、CF 的长取整数就可以了.我们刚刚学习了"勾股数",可以用最简单的一组"勾股数"来解决这个问题.

老师:你说说看.

灵芝:如图3-4所示,我可以在 BC 上取一点 E,使 $CE=3$ cm,在 CD 上取一点 F,使 $CF=4$ cm,因为3、4、5是一组勾股数,然后我只要测量 EF 的长是否等于 5 cm 就行了.

老师:大家说,她的方法好不好?

同学们:好!!!

老师(总结):我们学数学是为了用数

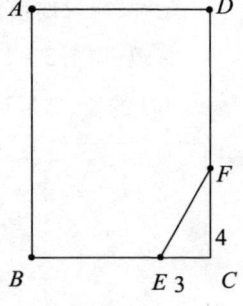

图 3-4

学的知识来解决身边的实际问题.刚才大家在解决这个问题时采用了不同的方案,都实现了问题的解决,但这里涉及的是最优化的问题,很显然,随着大家不断探究和深入,灵芝同学的方案显然最优.

编后语:王金战老师主编的《数学是怎样学好的》(初中版)已上市,《语文是怎样学好的》(初中版)、《英语是怎样学好的》(初中版)、《物理是怎样学好的》(初中版)、《化学是怎样学好的》(初中版)即将与读者见面.

分式中不可忽视的陷阱

本文节选自《中考抢分36计》(数学)第3计

分式是一类特殊的代数式,在运算过程中,常常由于违背运算顺序,或忽视分数线的括号作用,或把"分式运算"与"解方程"相混淆,或违背分式的性质随意约分,或误用运算,或顾此失彼考虑不周出错.而最容易出错的是分母不能为零,命题者常费尽心机在此设下"陷阱",解题时稍有不慎,便会中"埋伏",导致失分.

例1 先化简:$\dfrac{a^2-b^2}{a^2-ab} \div \left(a + \dfrac{2ab+b^2}{a}\right)$,当 $b=-1$ 时,再从 $-2 < a < 2$ 的范围内选取一个合适的整数 a 代入求值.

解析:$\dfrac{a^2-b^2}{a^2-ab} \div \left(a + \dfrac{2ab+b^2}{a}\right)$

$= \dfrac{(a+b)(a-b)}{a(a-b)} \div \dfrac{a^2+2ab+b^2}{a} = \dfrac{1}{a+b}$.

在 $-2 < a < 2$ 中,a 可取的整数为 -1、0、1,而当 $b=-1$ 时,

(1) 若 $a=-1$,分式 $\dfrac{a^2-b^2}{a^2-ab}$ 无意义;

(2) 若 $a=0$,分式 $\dfrac{2ab+b^2}{a}$ 无意义;

(3) 若 $a=1$,分式 $\dfrac{1}{a+b}$ 无意义.

所以 a 在规定的范围内取整数,原式均无意义(或所求值不存

在).

点评:(1)在这个题目中,"÷"有着双层含义:一是表示除号(或比号);二是当分子是多项式时,还起着括号的作用.对于整式和分式的混合运算 $\left(a+\dfrac{2ab+b^2}{a}\right)$,当需要通分时,可以把整式整体看做分母为1,这样就不会漏乘最简公分母.

(2)代数计算时,一定要保证分母不为0,不仅是化简后的分式是这样,原来的分式也应当这样.这就是题目中的陷阱,一定要小心.

(3)我们把值代入检验,实际上就是保证 a^2-ab、$a+\dfrac{2ab+b^2}{a}$、a 这些每一个在分母中出现的字母或表达式不能为零.

例2 若分式 $\dfrac{b^2-1}{b^2-2b-3}$ 的值为0,则 b 的值是(　　)

A. 1　　　　B. -1　　　　C. ± 1　　　　D. 2

解析:由分子 $b^2-1=0$ 得,$b=\pm 1$,好象应当选择答案C,但是,当 $b=-1$ 时,分母 $b^2-2b-3=0$,分式无意义.所以正确的答案应该选 A.

点评:(1)求解分式的值为 0 的题目时,一定要验证分母是否为 0,即要保证分式有意义.陷阱隐藏得并不深,只要细心,肯定能避免失误.

(2)由于忽视了"0"的存在而致错的运算屡见不鲜,常见的有:**字母表示的零指数幂的底数不能为"0";不等式整数解中的"0";字母表示的二次根式被开方数中的"0";等比定理应用的条件;字母**

表示的一次方程中的系数;字母表示的二次方程中的系数;字母表示的一次函数中的系数;反比例函数中的系数;字母表示的二次函数中的系数,等等.

编后语:王金战老师主编的《中考抢分36计》(数学)已上市,英语、语文、物理、化学等分册即将与读者见面.

巧找等量关系列方程

本文节选自《中考抢分36计》(数学)第4计

解应用题的"五字诀"是审、设、列、解、答. 在这五个步骤中,关键是如何列方程. 在列等量关系时,选择题中的一个量,然后用两种方式表达,并用等号连接,即可以得到方程!

例1 一艘轮船顺水航行40千米所用的时间与逆水航行30千米所用的时间相同,若水流速度为3千米/时,求轮船在静水中的速度.

解析:我们知道顺水速度=静水速度+水流速度;逆水速度=静水速度-水流速度. 这是数学中很重要的一种类型题——行程问题,在行程问题中有三个重要的条件:路程、时间、速度. 题目中涉及的量共七个:顺水路程、逆水路程、时间、顺水速度、逆水速度、水流速度、静水速度. 我们试试,每一个量能否用两种方式加以表达呢?

我们设船在静水中的速度为 x 千米/时,则船在顺水中的速度为 $(x+3)$ 千米/时,船在逆水中的速度为 $(x-3)$ 千米/时为例来说明这个问题:

(1) 用两种方式来表示顺水速度,则 $x + 3 = \dfrac{40}{\frac{30}{x-3}}$;

(2) 用两种方式来表示顺水路程,则 $40 = (x+3) \times \dfrac{30}{x-3}$;

(3)用两种方式来表示逆水路程,则 $30 = (x-3) \times \dfrac{40}{x+3}$;

(4)用两种方式来表示航行时间,则 $\dfrac{40}{x+3} = \dfrac{30}{x-3}$;

(5)用两种方式来表示逆水速度,则 $x - 3 = \dfrac{30}{\dfrac{40}{x+3}}$;

(6)用两种方式来表示水流速度,则 $3 = \left(\dfrac{40}{\dfrac{30}{x-3}} - \dfrac{30}{\dfrac{40}{x+3}}\right) \div 2$;

(7)用两种方式来表示静水速度,则 $x = \dfrac{30}{\dfrac{40}{x+3}} + 3$.

点评:设船在静水中的速度为未知数,就有 7 种解法,还可以设逆水速度、顺水速度或时间为未知数,会有更多的解法。一个看似简单的问题,这样一弄,就形成了一个丰富的、庞大的解题系统,给人的感觉就像刘姥姥进了大观园!

这些方程有的简单,有的复杂.方程的繁简与我们设定的未知数和选择的等量有关,这说明我们选择的量不一定是最合理的,我们不仅要找出一个量,更要学会选择一个合适的量.当然,合理的选择需要智慧.

首先,我们要明确的是怎样设未知数更简单?直接设未知数,即求谁设谁.

其次,使用哪一个量列方程更简单?利用题目给出的有明显关系的量来列方程相对来说简单.如果题中不存在明显关系的量,我们可以自行选择.

最后,此题是以列分式方程为例实践了找等量列方程的密诀,这种思想同样适用于一元一次方程、一元二次方程、二元一次方程组,还可推而广之到二元一次不等式或一元一次不等式组.

编后语:王金战老师主编的《中考抢分36计》(数学)已上市,英语、语文、物理、化学等分册即将与读者见面.

思维短路巧连通

本文节选自《中考抢分36计》(数学)第35计

在考场紧张的氛围下,一般情况下考生会碰到熟知的知识、方法突然想不起来,造成了思维短路,那么应该怎么办呢?下面的四个方法能达到柳暗花明又一村、思维短路巧连通的效果.

一是要深呼吸,平静心态,不慌不乱,镇定自若,坦然面对;二是重新审题,看是否有遗漏的条件;三是换个角度或思路,从与题目有关的项目开始回想,看是否能够提供可借鉴的信息,比如添加辅助线、图形变换、数形结合等;四是暂时放弃,换另一道题做,等情绪稳定、思路清晰时,再回过头来做,可能有意外的收获.

例1 如图6-1所示,在 $\triangle ABC$ 中,$\angle BAC = 45°$,$AD \perp BC$ 于 D,将 $\triangle ABD$ 沿 AB 所在的直线折叠,使点 D 落在点 E 处;将 $\triangle ACD$ 沿 AC 所在的直线折叠,使点 D 落在点 F 处,分别延长 EB、FC 使其交于点 M.

(1)判断四边形 $AEMF$ 的形状,并给予证明.

(2)若 $BD = 1$,$CD = 2$,试求四边形 $AEMF$ 的面积.

图 6-1

解析:(1) $\because AD \perp BC$,$\triangle AEB$ 是由 $\triangle ADB$ 折叠所得

$\therefore \angle 1 = \angle 3$,$\angle E = \angle ADB = 90°$,$BE = BD$,$AE = AD$

又 $\because \triangle AFC$ 是由 $\triangle ADC$ 折叠所得

∴ ∠2 = ∠4, ∠F = ∠ADC = 90°, FC = CD, AF = AD

∴ AE = AF 又∵ ∠1 + ∠2 = 45°,∴ ∠3 + ∠4 = 45°

∴ ∠EAF = 90° ∴ 四边形 AEMF 是正方形.

(2)设正方形 AEMF 的边长为 x,根据题意知:$BE = BD$,$CF = CD$

∴ $BM = x - 1, CM = x - 2$

在 $Rt\triangle BMC$ 中,由勾股定理得:$BC^2 = CM^2 + BM^2$

∴ $(x-1)^2 + (x-2)^2 = 9$,∴ $x^2 - 3x - 2 = 0$

解之得:$x_1 = \dfrac{3 + \sqrt{17}}{2}$,$x_2 = \dfrac{3 - \sqrt{17}}{2}$(舍去)

∴ $S_{正方形AEMF} = \left(\dfrac{3 + \sqrt{17}}{2}\right)^2 = \dfrac{13 + 3\sqrt{17}}{2}$

点评:第(2)问由于受折叠的影响,所以很多学生把思路用在 $BD = BE = 1$,$CD = CF = 2$,并想办法转化已知条件 ∠BAC = 45°上,思路受到局限,陷入僵局. 其实,换个思路,我们把思路转换到下方,即 △BMC 上,可设边长为 x,则 $BM = x - 1, CM = x - 2$,利用勾股定理即可求出边长,进而求出面积.

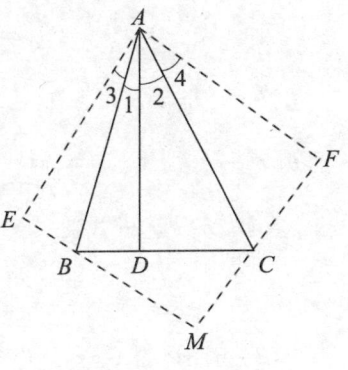

图 6 - 2

例2 如图 6-3 所示,一次函数 $y = kx + 2$ 的图像与反比例函数 $y = \dfrac{m}{x}$ 的图像交于点 P,点 P 在第一象限. $PA \perp x$ 轴于点 A,$PB \perp$

y 轴于点 B. 一次函数的图象分别交 x 轴、y 轴于点 C、D，且 $S_{\triangle PBD}=4$，$\dfrac{OC}{OA}=\dfrac{1}{2}$．

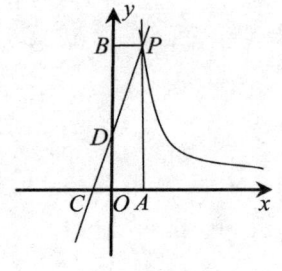

图 6-3

(1) 求点 D 的坐标；

(2) 求一次函数与反比例函数的解析式；

(3) 根据图象写出当 $x>0$ 时，一次函数的值大于反比例函数的值的 x 的取值范围．

解析：(1) 在 $y=kx+2$ 中，令 $x=0$ 得 $y=2$ ∴ 点 D 的坐标为 $(0,2)$

(2) ∵ $AP \parallel OD$ ∴ $Rt\triangle PAC \backsim Rt\triangle DOC$

∴ $\dfrac{OC}{OA}=\dfrac{1}{2}$ ∴ $\dfrac{OD}{AP}=\dfrac{OC}{AC}=\dfrac{1}{3}$ ∴ $AP=6$

又 ∵ $BD=6-2=4$ ∴ 由 $S_{\triangle PBD}=4$ 可得 $BP=2$ ∴ $P(2,6)$

把 $P(2,6)$ 分别代入 $y=kx+2$ 与 $y=\dfrac{m}{x}$ 可得

一次函数解析式为：$y=2x+2$，反比例函数解析式为：$y=\dfrac{12}{x}$．

(3) 由图可得 $x>2$．

点评：(1) 本题 (1) 问很简单，关键是第 (2) 问，要求出 m 的值，显然要求出点 P 的坐标．学生一是找不到 $\dfrac{OC}{OA}=\dfrac{1}{2}$ 的作用，二是找不到 $S_{\triangle PBD}$ 与坐标的关系而导致思路短路．这是某地中考数学试题的倒数第三题，按理说这个题目应该不是很难。因此，当思路出现障碍时，一定不要惊慌失措，而要静心思考，因为静能生智、定能生

慧. 我们看到线段的比 $\dfrac{OC}{OA} = \dfrac{1}{2}$，马上联想到其可能与相似有关，很快能够想到证明 Rt△PAC 和 Rt△DOC 相似，后面问题的解决就水到渠成了.

（2）观察与联想是打通思维障碍、畅通思路的两大法宝. 观察是认识事物最基本的途径，是了解问题、发现问题和解决问题的前提. 联想即看到什么就想到什么，是问题转化的桥梁. 稍具难度的问题和基础知识的联系，都是不明显的、间接的、复杂的.

编后语：王金战老师主编的《中考抢分36计》（数学）已上市，英语、语文、物理、化学等分册即将与读者见面.

有理数

本文节选自《考前30天必做60题》(中考数学)第1题

例1 -8 的绝对值是(   )

A. -8　　B. 8　　C. ± 8　　D. $-\dfrac{1}{8}$

试题解析：根据有理数绝对值的性质，负数的绝对值等于它的相反数，可知 $|-8|=8$，本题的正确答案是 B.

易错分析：个别同学混淆有理数的绝对值与相反数、倒数的概念而出错.

例2 某年聊城市1月份的平均气温为 -18℃，3月份的平均气温为 2℃，则3月份的平均气温比1月份的平均气温高(   )

A. 16℃　　B. 20℃　　C. -16℃　　D. -20℃

试题解析：$2-(-18)=2+18=20$(℃)，本题答案是 B.

易错分析：这里是减去一个负数，有些同学容易在符号方面出错.

例3 在数轴上，与表示 -1 的点距离为3的点所表示的数是_____.

试题解析：不难发现，如图7-1所示的数轴上，与表示 -1 的点的距离为3的点有两个：一个是原点右边的点 A，一个是原点左边的点 B. 所以与表示 -1 的点距离为3的点所表示的数是 2 或 -4.

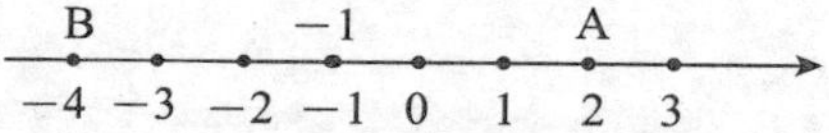

```
    B         -1        A
 ─┼──┼──┼──┼──┼──┼──┼──┼─
 -4 -3 -2 -1  0  1  2  3
```

图 7-1

易错分析:有些同学仅考虑一种情形造成漏解.

例4 计算:$-1^4-\dfrac{1}{6}\times[2-(-3)^2]$.

试题解析:原式 $=-1-\dfrac{1}{6}\times(2-9)=-1-\dfrac{1}{6}\times(-7)=-1+\dfrac{7}{6}=\dfrac{1}{6}$.

相关技巧:在进行乘方运算时,要特别注意$(-1)^n$与-1^n的不同.

易错分析:在进行本题中的两个乘方运算时,要特别注意符号,$-1^4=-1$,而不是1,$(-3)^2=9$,而不是-9.

> 老王给你提个醒:
>
> 任意一个有理数的绝对值都是一个非负数.在求一个有理数的绝对值时,一定要记得非负数的绝对值是它本身,负数的绝对值是它的相反数哦!你记清楚了吗?

实 数

本文节选自《考前30天必做60题》(中考数学)第3题

例1 下列说法错误的是( )

A. $\sqrt{16}$ 的平方根是 ± 2 B. $\sqrt{2}$ 是无理数

C. $\sqrt[3]{-27}$ 是有理数   D. $\dfrac{\sqrt{2}}{2}$ 是分数

试题解析:A 中,$\sqrt{16}=4$,所以 $\sqrt{16}$ 的平方根就是4的平方根,等于 ± 2;B 中,$\sqrt{2}$ 开方开不尽,所以它是无理数;C 中 $\sqrt[3]{-27}=-3$,所以它是有理数;以上说法都是正确的. $\dfrac{\sqrt{2}}{2}$ 是无理数,不是分数,所以原说法错误. 选 D.

易错分析:第一,没有正确理解无理数的概念,只看表面现象,容易错选C;第二,没有掌握实数的分类,认为写成分数形式的数都是分数,从而误认为D是正确的.

例2 与 $\sqrt{10}$ 最接近的两个整数是( )

A.1 和 2   B.2 和 3   C.3 和 4   D.4 和 5

试题解析:因为 $9<10<16$,所以 $\sqrt{9}<\sqrt{10}<\sqrt{16}$,即 $3<\sqrt{10}<4$. 本题答案是 C.

相关技巧:解决此类问题的一般步骤是首先将原数平方,看其在哪两个平方数之间,然后利用算术平方根进行表示,即可估计其大致范围.

例3 计算:$-2^2+\sqrt[3]{-27}-\left(\dfrac{1}{3}\right)^{-1}\times(\pi-\sqrt{2})^0$

试题解析:$-2^2=-4$,$\sqrt[3]{-27}=-3$,$\left(\dfrac{1}{3}\right)^{-1}=\dfrac{1}{\left(\dfrac{1}{3}\right)^1}=3$,$(\pi-\sqrt{2})^0=1$,

所以原式$=-4-3-3\times1=-10$.

相关技巧:注意负整数指数幂与零指数幂的运算性质,$a^{-p}=\dfrac{1}{a^p}(a\neq0)$,$a^0=1(a\neq0)$.

易错分析:$-2^2=-4\neq4$,$(-2)^2=4$,应注意-2^2与$(-2)^2$的区别.

> 老王给你提个醒:
> 平方、算术平方根、平方根的区别与联系,你知道吗?

编后语:篇幅受限,《轻松搞定初中数学》、《中考数学轻松突破100分》、《中考数学难题破解策略》等图书未做选载.

们留下 6 个位置(就称为"空"),再将甲、乙同学分别插入这 6 个位置(空)有 A_6^2 种方法,所以一共有 $A_5^5 A_6^2 = 3600$(种)方法.

(8)3 名男同学先排,有 A_3^3 种方法,此时他们留下 4 个位置(空),再将 4 名女同学分别插入这 4 个位置(空)有 A_4^4 种方法,所以一共有 $A_3^3 A_4^4 = 144$(种)方法.

相关技巧:"在"与"不在"的问题,常常使用"直接法"或"排除法",对某些特殊元素可以优先考虑;对于相邻问题,常用"捆绑法"(先捆后松);对于不相邻问题,常用"插空法"(特殊元素后考虑).

> ● 老王给你提个醒:
>
> 解排列组合问题的规律是:相邻问题捆绑法;不相邻问题插空法;多排问题单排法;定位问题优先法;定序问题倍缩法;多元问题分类法;平均分组平均分配区分对待法;选取问题先选后排法;名额分配插板法;至多至少问题间接法;你想想围圈入座什么法?

编后语:篇幅受限,《轻松搞定高中数学》、《高考数学轻松突破 120 分》、《高考数学难题破解策略》等图书未做选载.

A_6^6 种方法;若甲站在排头且乙站在排尾则有 A_5^5 种方法. 所以甲不能站在排头,乙不能排在排尾的排法共有 $A_7^7 - 4A_6^6 + 2A_5^5 = 2400$ (种)排法.

(4)根据分步计数原理,共有 $7 \times 6 \times 5 \times 4 \times 3 \times 2 \times 1 = 7!=5040$(种)排法.

(5)先将甲、乙两位同学"捆绑"在一起看成一个元素与其余的 5 个元素(同学)一起进行全排列有 A_6^6 种方法;再将甲、乙两个同学"松绑"进行排列有 A_2^2 种方法. 所以这样的排法一共有 $A_6^6 A_2^2 = 1440$(种)排法.

(6)**解法 1**:将甲、乙两同学"捆绑"在一起看成一个元素,此时一共有 6 个元素,因为丙不能站在排头和排尾,所以可以从其余的 5 个元素中选取 2 个元素放在排头和排尾,有 A_5^2 种方法;将剩下的 4 个元素进行全排列有 A_4^4 种方法;最后将甲、乙两个同学"松绑"进行排列有 A_2^2 种方法. 所以这样的排法一共有 $A_5^2 A_4^4 A_2^2 = 960$ 种方法.

解法 2:将甲、乙两同学"捆绑"在一起看成一个元素,此时一共有 6 个元素,若丙站在排头或排尾共有 $2A_5^5$ 种方法,所以丙不能站在排头和排尾的排法有 $(A_6^6 - 2A_5^5) \cdot A_2^2 = 960$(种)方法.

解法 3:将甲、乙两同学"捆绑"在一起看成一个元素,此时一共有 6 个元素,因为丙不能站在排头和排尾,所以可以从其余的四个位置选择共有 A_4^1 种方法,再将其余的 5 个元素进行全排列共有 A_5^5 种方法,最后将甲、乙两同学"松绑",所以这样的排法一共有 $A_4^1 A_5^5 A_2^2 = 960$ 种方法.

(7)**解法 1**(排除法):$A_7^7 - A_6^6 \cdot A_2^2 = 3600$.

解法 2(插空法):先将其余 5 个同学排好有 A_5^5 种方法,此时他

例 2 （1）7 位同学站成一排，其中甲站在中间的位置，共有多少种不同的排法？

（2）7 位同学站成一排，甲、乙只能站在两端的排法共有多少种？

（3）7 位同学站成一排，甲、乙不能站在排头和排尾的排法共有多少种？

（4）7 位同学站成两排（前 3 后 4），共有多少种不同的排法？

（5）7 位同学站成一排，甲、乙两同学必须相邻的排法共有多少种？

（6）7 位同学站成一排，甲、乙两同学必须相邻，而且丙不能站在排头和排尾的排法有多少种？

（7）7 位同学站成一排．甲、乙两同学不能相邻的排法共有多少种？

（8）7 名同学中有 3 名男生，4 名女生，相间排列，共有多少排法？

试题解析：（1）问题可以看作：余下的 6 个元素的全排列，共有 $A_6^6 = 720$（种）排法．

（2）根据分步计数原理：第一步，甲、乙站在两端有 A_2^2 种；第二步，余下的 5 名同学进行全排列有 A_5^5 种，则共有 $A_2^2 A_5^5 = 240$（种）排列方法．

（3）**解法** 1（直接法）：第一步，从（除去甲、乙）其余的 5 位同学中选 2 位同学站在排头和排尾有 A_5^2 种方法；第二步，从余下的 5 位同学中选 5 位进行排列（全排列）有 A_5^5 种方法，所以一共有 $A_5^2 A_5^5 = 2400$（种）排列方法．

解法 2（排除法）：若甲站在排头有 A_6^6 种方法；若乙站在排尾有

排列、组合

本文节选自《考前30天必做60题》(理数)第49题

例1 从 $0,1,2,3,4,5,6,7,8,9$ 这 10 个数中取出 3 个数,使其和为不小于 10 的偶数,不同的取法有多少种?

试题解析:从 10 个数中取出 3 个不同的偶数取法有 C_5^3 种;取出 1 个偶数和 2 个不同的奇数的取法有 $C_5^1 C_5^2$ 种. 从这 10 个数中取出 3 个数,使其和为小于 10 的偶数,有如下 9 种不同的取法:

$(0,1,3)$,$(0,1,5)$,$(0,2,4)$,$(1,2,3)$,$(0,1,7)$,$(0,2,6)$,$(0,3,5)$,$(1,2,5)$,$(1,3,4)$.

因此符合条件的不同取法有:

$C_5^3 + C_5^1 \cdot C_5^2 - 9 = 51$ 种.

相关技巧:(1)在解决排列组合问题时,要弄清以下问题:

①做什么事(有序还是无序)?

②怎么做(用加法计数原理,还是乘法计数原理;是排列问题,还是组合问题)?

③怎么算?

(2)怎样才能做到不重不漏?

易错分析:(1)考虑不周易漏. 如本题中"其和为小于 10 的偶数"列举不全;

(2)分类不明易重.

知识链接:排列组合问题,要在熟悉一定"套路"的基础上,灵活应用.下面的一道题目能给同学们带来一定的启发:

（2）原式 $= \dfrac{2\sin^2\dfrac{x}{2} - \sin x + 1}{\dfrac{\sin x}{\cos x} + \dfrac{\cos x}{\sin x}}$

$= \sin x\cos x(2 - \cos x - \sin x) = \left(-\dfrac{3}{5}\right) \times \dfrac{4}{5} \times \left(2 - \dfrac{4}{5} + \dfrac{3}{5}\right)$

$= -\dfrac{108}{125}$.

相关技巧：将 $\sin x - \cos x = \dfrac{1}{5}$ 平方，求出 $\sin x\cos x$ 的值，进而求出 $(\sin x - \cos x)^2$，然后由角的范围确定 $\sin x - \cos x$ 的符号. 由 $\sin^2 x + \cos^2 x = 1$，使 $\sin x + \cos x, \sin x - \cos x, \sin x\cos x, \tan x + \cot x, \cdots\cdots$ 有了联系.

易错分析：不注意角的范围易出错.

知识链接：本小题主要考查三角函数的基本公式、三角恒等变换、三角函数在各象限符号等基本知识，以及推理和运算能力.

⚫ 老王给你提个醒：

在三角式的恒等变形中，要特别注意角的各种变换. 凑角技巧如 $\beta = (\alpha + \beta) - \alpha, \beta = 2 \cdot \dfrac{\beta}{2}, \beta = \dfrac{1}{2} \cdot 2\beta, \beta = (\beta - \alpha) + \alpha, \dfrac{\alpha + \beta}{2} = \left(\alpha - \dfrac{\beta}{2}\right) - \left(\dfrac{\alpha}{2} - \beta\right)$ 等；"1"的灵活应用如 $1 = \sin\dfrac{\pi}{2} = \cos 0 = \tan\dfrac{\pi}{4} = \sin^2\alpha + \cos^2\alpha = \cdots\cdots$

编后语：王金战老师的《考前30天必做60题》（理数、文数）已上市，其他学科：语文、英语、物理、化学、生物、政治、历史、地理等都已上市.

试题解析： 解法 1 ：(1) 由 $\sin x + \cos x = \dfrac{1}{5}$ ，平方得

$\sin^2 x + 2\sin x\cos x + \cos^2 x = \dfrac{1}{25}$ ，

即 $\quad 2\sin x\cos x = -\dfrac{24}{25}$.

$\because (\sin x - \cos x)^2 = 1 - 2\sin x\cos x = \dfrac{49}{25}$ ，

又 $\because -\dfrac{\pi}{2} < x < 0, \therefore \sin x < 0, \cos x > 0, \sin x - \cos x < 0$ ，

故 $\sin x - \cos x = -\dfrac{7}{5}$.

(2) 原式 $= \dfrac{2\sin^2 \dfrac{x}{2} - \sin x + 1}{\dfrac{\sin x}{\cos x} + \dfrac{\cos x}{\sin x}} = \sin x\cos x(2 - \cos x - \sin x)$

$\qquad = \left(-\dfrac{12}{25}\right) \times \left(2 - \dfrac{1}{5}\right) = -\dfrac{108}{125}$.

解法 2 ：(1) 联立方程 $\begin{cases} \sin x + \cos x = \dfrac{1}{5}, \cdots\cdots① \\ \sin^2 x + \cos^2 x = 1, \cdots\cdots② \end{cases}$

由①得 $\sin x = \dfrac{1}{5} - \cos x$ ，将其代入②，整理得 $25\cos^2 x - 5\cos x - 12$

$= 0$ ，

$\therefore \cos x = -\dfrac{3}{5}$ 或 $\cos x = \dfrac{4}{5}$.

$\because -\dfrac{\pi}{2} < x < 0, \therefore \sin x = -\dfrac{3}{5}, \cos x = \dfrac{4}{5}$.

故 $\sin x - \cos x = -\dfrac{7}{5}$.

三角函数的求值

本文节选自《考前30天必做60题》(理数)第17题

例 1 计算 $\sin\left(x - \dfrac{\pi}{4}\right) + \cos\left(x + \dfrac{\pi}{4}\right) = $ _____ .

试题解析: 解法1:由诱导公式 $\sin\left(x - \dfrac{\pi}{4}\right) + \cos\left(x + \dfrac{\pi}{4}\right)$

$= \sin\left(x - \dfrac{\pi}{4}\right) + \sin\left[\dfrac{\pi}{2} - \left(x + \dfrac{\pi}{4}\right)\right] = \sin\left(x - \dfrac{\pi}{4}\right) +$

$\sin\left(\dfrac{\pi}{4} - x\right) = 0.$

解法2:展开,得 $\sin\left(x - \dfrac{\pi}{4}\right) + \cos\left(x + \dfrac{\pi}{4}\right) = \dfrac{\sqrt{2}}{2}(\sin x - \cos x +$

$\cos x - \sin x) = 0.$

相关技巧: 解决三角函数问题主要体现了变形能力,角的变化引起函数的变化即形式的改变.

易错分析: 应用公式出错,导致得不出具体数值.

知识链接: 求值问题,通常是"正"用公式,"逆"用公式,"变"用公式,"灵"用公式.

例 2 已知 $-\dfrac{\pi}{2} < x < 0, \sin x + \cos x = \dfrac{1}{5}.$

(1)求 $\cos x - \sin x$ 的值;

(2)求 $\dfrac{3\sin^2\dfrac{x}{2} - 2\sin\dfrac{x}{2}\cos\dfrac{x}{2} + \cos^2\dfrac{x}{2}}{\tan x + \cot x}$ 的值.

34

(1)将 y 表示成 x 的函数；

(2)讨论(1)中函数的单调性，并判断

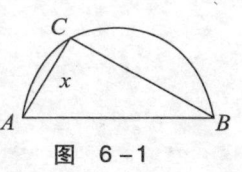

图 6-1

弧 $\overset{\frown}{AB}$ 上是否存在一点，使建在此处的垃圾

处理厂对城 A 和城 B 的总影响度最小？若

存在，求出该点到城 A 的距离；若不存在，说明理由．

解析：(1)如图 6-1 所示，由题意知 $AC \perp BC$，$BC^2 = 400 - x^2$，

$y = \dfrac{4}{x^2} + \dfrac{k}{400 - x^2}$（$0 < x < 20$），其中当 $x = 10\sqrt{2}$ 时，$y = 0.065$，

所以 $k = 9$．

所以 y 表示成 x 的函数为 $y = \dfrac{4}{x^2} + \dfrac{9}{400 - x^2}$（$0 < x < 20$）．

(2) $y' = -\dfrac{8}{x^3} - \dfrac{9 \times (-2x)}{(400 - x^2)^2} = \dfrac{18x^4 - 8(400 - x^2)^2}{x^3(400 - x^2)^2}$．

令 $y' = 0$ 得 $18x^4 = 8(400 - x^2)^2$，所以 $x^2 = 160$，即 $x = 4\sqrt{10}$，

当 $0 < x < 4\sqrt{10}$ 时，$18x^4 < 8(400 - x^2)^2$，即 $y' < 0$，所以函数为单调减函数，

当 $4\sqrt{10} < x < 20$ 时，$18x^4 > 8(400 - x^2)^2$，即 $y' > 0$，所以函数为单调增函数．

所以当 $x = 4\sqrt{10}$ 时，即当 C 点到城 A 的距离为 $4\sqrt{10}$ 时，函数有最小值．

所以弧 $\overset{\frown}{AB}$ 上存在一点，当 $x = 4\sqrt{10}$ 时使建在此处的垃圾处理厂对城 A 和城 B 的总影响度最小．

点评：本题就是一个容易引起同学们恐惧心理的题目．其实，只要静下心来仔细读一读题目，找一找数据，列一列式子，第一问就完成了．而第二问只不过是一个利用导数研究单调性和最值的一般性问题，因此在第一问的基础上来解应该不是很难．

编后语：王金战老师的《高考抢分 36 计》(数学)已上市，其他学科将陆续与读者见面．

2. 应用题的应对策略

(1)克服心理难关.高考应用题一般都经过精心设计,语言、数据各方面都不会有太大障碍,考的就是你的应用能力,因此你应该有充分的信心去接受应用题的挑战.

(2)克服审题难关.审题是最重要的一关.审题时要先完整地把题目浏览一遍,然后再将重点语句(可能在解题过程中还要多次阅读)标记出来,把数据摘抄出来备用,思考这些数据的可能用途.如果有新名词,一定要看清它的定义.

(3)克服建模难关.首先,要从大的方面认清应该选用的数学模型.常用的模型有函数模型、数列模型、不等式模型(包括线性规划)、三角函数模型、概率统计模型等.其次,再将模型具体化,比如,是选择指数型函数还是选用二次函数?多数情况下,模型中有些参数要先求出来,那些你感觉多余的数据往往就是在这时使用的.

(4)精确求解.在建立数学模型后,你会发现,这已经是一个与实际问题无关的、简单的数学问题了,只需要用相关知识求解即可.但不要因此忽略了实际问题的影响,你必须考虑的问题有:在实际背景下,各个字母的范围如何?单位是否统一?解出的结果是否合乎实际要求?最后不要忘记作答.

例 1 两县城 A 和 B 相距 20km,现计划在两县城外以 AB 为直径的半圆弧 $\overparen{AB}$ 上选择一点 C 建造垃圾处理厂,其对城市的影响度与所选地点到城市的距离有关,对城 A 和城 B 的总影响度为城 A 与城 B 的影响度之和,记 C 点到城 A 的距离为 x km,建在 C 处的垃圾处理厂对城 A 和城 B 的总影响度为 y.统计调查表明:垃圾处理厂对城 A 的影响度与所选地点到城 A 的距离的平方成反比,比例系数为 4;对城 B 的影响度与所选地点到城 B 的距离的平方成反比,比例系数为 k,当垃圾处理厂建在 $\overparen{AB}$ 的中点时,对城 A 和城 B 的总影响度为 0.065.

应用题都是纸老虎

本文节选自《高考抢分36计》(数学) 第27计

统计表明,高考应用题的得分率一般不是很高.造成这种结果的原因是多方面的,既有题目本身的因素,也有考生方面的因素.经常有学生告诉我:"一遇到应用题头就大."这很能说明某些学生的心态.

1. 应用题难点分析

(1)题目本身的因素:分为背景和描述两个方面.

背景:应用题一般要涉及一些实际背景,对这些实际背景不熟悉往往成为解题的一大鸿沟.近几年,高考应用题为了体现公平性原则,一般选取大家都熟悉的背景,因此在这方面一般不会再有太大的问题.

描述:应用题一般文字较多,大多在150字以上,有些甚至多达300~500字.在紧张的考场上,面对如此海量的文字信息,任何人都会产生一种恐怖的感觉.

(2)学生心理方面的因素:又分心理和知识两个方面.

心理方面:学生害怕应用题的心态并不是在高考时才有的,而是在平时解答应用题的过程中就已经形成.由于平时接触的应用题良莠不齐,有许多题目背景生癖,文字表述不清,数据繁杂,造成学生解题困难,久而久之就产生了一种"一见就怕"的抵触情绪.

知识方面:能否将所学知识应用于实际问题,也就是学生的建模能力,是关乎应用题成败的关键.学生往往在这方面有所欠缺.

$\therefore 0 < M \leqslant \dfrac{2\sqrt{3}}{3}$. ·· 14 分

点评:本题有一定难度,相信会有相当数量的同学不能给出圆满的解答.

根据评分标准,在完全不会的情况下,你应该能够得 4 分! 开头第一步只不过是抄写了一下条件,8 分这一步是把结论改写了一下,把 M 分离出来,这是经常用的思路. 看,只要你动下手,这 4 分很轻易就得到了,这样的便宜任何人都应该捡!

我相信,参加高考的同学都是有一定水平的,因此你应该还能得更高的分数. 比如你完全可以把(1)完整解出来,第二问显然转化成了最小值问题,面对如此复杂的式子,加上平时的经验,你应该朝着探求 $g(n)$ 单调递增这方面去努力,这样你就有可能得到满分,或者接近满分.

编后语:王金战老师的《高考抢分 36 计》(数学)已上市,其他学科将陆续与读者见面.

30

$(a_n^2 + a_n)$.

当 $n = 1$ 时，$a_1 = \dfrac{1}{2}(a_1^2 + a_1)$，$\therefore$ $a_1^2 - a_1 = 0$.

$\because a_1 > 0$，$\therefore a_1 = 1$.

当 $n \geq 2$ 时，$\because 2a_n = 2S_n - 2S_{n-1} = a_n^2 + a_n - a_{n-1}^2 - a_{n-1}$，

$\therefore (a_n + a_{n-1})(a_n - a_{n-1} - 1) = 0$.

$\because a_n > 0 \therefore a_n - a_{n-1} = 1 (n \geq 2)$，

$\therefore \{a_n\}$ 为等差数列，$a_1 = 1, d = 1$，

$\therefore a_n = n$. ·· 6分

(2)假设 M 存在且满足条件，

即 $M \leq \dfrac{2^n a_1 a_2 \cdots a_n}{\sqrt{2n+1}(2a_1 - 1)(2a_2 - 1)\cdots(2a_n - 1)}$ 对一切 $n \in$

$\mathbf{N}^*$ 恒成立. ··· 8分

令 $g(n) = \dfrac{2^n a_1 a_2 \cdots\cdots a_n}{\sqrt{2n+1}(2a_1 - 1)(2a_2 - 1)\cdots\cdots(2a_n - 1)} =$

$\dfrac{2^n \cdot 1 \cdot 2 \cdots n}{\sqrt{2n+1} \cdot 1 \cdot 3 \cdots (2n-1)}$，

$\therefore g(n+1) = \dfrac{2^{n+1} \cdot 1 \cdot 2 \cdots n \cdot (n+1)}{\sqrt{2n+3} \cdot 1 \cdot 3 \cdots (2n-1) \cdot (2n+1)}$，

·· 10分

故 $\dfrac{g(n+1)}{g(n)} = \dfrac{2n+2}{\sqrt{2n+1}\,\sqrt{2n+3}} = \sqrt{\dfrac{4n^2 + 8n + 4}{4n^2 + 8n + 3}} > 1$，

·· 12分

$\therefore g(n+1) > g(n)$，$\therefore g(n)$ 单调递增，

$\therefore n \in \mathbf{N}^*$，$g(n) \geq g(1) = \dfrac{2\sqrt{3}}{3}$.

纸上,这些内容往往能得些分数,不要因为不能推理到底就什么也不写.某次阅卷发现有个学生把自己写了一半的答案划掉了,这个答案本来可以得 8 分!

最后强调一点:只要还有一线希望,选择题和填空题就不要猜.

例 1 设单调递增函数 $f(x)$ 的定义域为 $(0, +\infty)$,且对任意的正实数 x, y 有:$f(xy) = f(x) + f(y)$ 且 $f\left(\dfrac{1}{2}\right) = -1$.

(1)一个各项均为正数的数列 $\{a_n\}$ 满足:$f(S_n) = f(a_n) + f(a_n + 1) - 1$,其中 S_n 为数列 $\{a_n\}$ 的前 n 项和,求数列 $\{a_n\}$ 的通项公式;

(2)在(1)的条件下,是否存在正数 M 使下列不等式:

$$2^n \cdot a_1 a_2 \cdots a_n \geqslant M \sqrt{2n + 1} (2a_1 - 1)(2a_2 - 1) \cdots (2a_n - 1)$$

对一切 $n \in \mathbf{N}^*$ 成立?若存在,求出 M 的取值范围;若不存在,请说明理由.

解析:(1)∵ 对任意的正数 x, y 均有 $f(xy) = f(x) + f(y)$ 且 $f\left(\dfrac{1}{2}\right) = -1$. ⋯⋯⋯⋯⋯⋯⋯⋯⋯⋯⋯⋯⋯⋯ 2 分

又 ∵ $a_n > 0$ 且 $f(S_n) = f(a_n) + f(a_n + 1) - 1 = f(a_n) + f(a_n + 1) + f\left(\dfrac{1}{2}\right)$,

∴ $f(S_n) = f\left[(a_n^2 + a_n) \times \dfrac{1}{2}\right]$, ⋯⋯⋯⋯⋯⋯⋯⋯ 4 分

又 ∵ $f(x)$ 是定义在 $(0, +\infty]$ 上的单调递增函数,∴ $S_n = \dfrac{1}{2}$

28

可以猜一个分数.不填是 0 分,填错了也不过是 0 分,又不倒扣分,何不碰碰运气? 填上总比空着强。还有一种题,就是给你几个命题,写正确或错误命题的序号,相当于多项选择题,更应该猜一猜.

3. 解答题得分更容易

解答题是按步骤给分,因此不会的题目你不要完全放弃,千万不能交白卷.可以做如下尝试:

(1)试着把每个条件分别进行变形、推理,能写多少算多少,这样一般能得点分;

(2)在求轨迹方程问题中设出其标准方程,在函数应用题中设出未知量,在概率问题中先设出事件,等等,即使后面的不会,这些步骤也应该人人会写,这样有可能得到 $1 \sim 2$ 分。

(3)在立体几何问题中尝试加些辅助线或面,证明一些感觉有用的平行或垂直关系,这样得几分的可能性很大。如果是证明题,则可以"因为……所以……"写一通,最后把结论写上,装腔作势地"证明"一番,则大有蒙混过关的可能.

(4)数学归纳法是个套路很固定的证明方法. $n = 1$ 的情况一般非常简单,一定要写上;第二步也要按套路写上,不会的一般是关键一步——由 $n = k$ 到 $n = k + 1$ 这个推理,这时则可以简单推几步后就把 $n = k + 1$ 时的结果写上,后面的两个结论也写上,这样有可能只被扣掉 $1 \sim 2$ 分,甚至不扣分.

(5)做有多问的问题时,不要一看第一问不会就不做了.你可以看看能不能利用前面的结论证明后面的问题.如果恰好能,则可以得到后面这一问的分数.

(6)不要随便划掉已写的内容,更不要把思考的内容只写在草

不会也要抢几分

本文节选自《高考抢分36计》(数学)第26计

一方面,做人要诚实,你绝不能靠抄袭或其他作弊手段来得分.另一方面,你也不能太"诚实".经常发现有些同学几个大题都是空白,甚至连个别选择题都没有做.其实选择题的答案你完全可以猜.

如果某个题你确实不会了,也不要完全放弃。用下面这些手段,可以抢到你本来可能得不到的分数.**不会做的都得分了,还怕没有好成绩吗?**

1. 选择题的答案可以猜

你不能随便猜,那样只有 $\frac{1}{4}$ 的概率猜对. 你可以利用特值、特例、图形等,排除掉其中 1~2 个答案. 如果只能排除 1 个,则猜对的概率升为 $\frac{1}{3}$,排除 2 个就升为 $\frac{1}{2}$. 当然,你若能排除 3 个就不用猜了.阅卷时电脑可不知道你这个答案是解出来的还是猜出来的. 只要有幸猜对了,照样得分.

2. 填空题也可以猜

填空题答案千变万化,因此猜对的可能性非常小. 但你可以结合具体情况,估计一下答案的大致范围,如概率一定是(0,1)的数,

——枚举.

例1 已知二次函数 $y = g(x)$ 的导函数的图像与直线 $y = 2x$ 平行,且 $y = g(x)$ 在 $x = -1$ 处取得极小值 $m - 1$ ($m \neq 0$). 设 $f(x) = \dfrac{g(x)}{x}$. 若曲线 $y = f(x)$ 上的点 P 到点 $Q(0,2)$ 的距离的最小值为 $\sqrt{2}$,求 m 的值.

解析:设 $g(x) = a(x+1)^2 + m - 1$ ($a \neq 0$),则 $g'(x) = 2a(x+1) = 2ax + 2a$;

又 $g'(x)$ 的图像与直线 $y = 2x$ 平行,$\therefore 2a = 2$,$a = 1$.

$\therefore g(x) = (x+1)^2 + m - 1 = x^2 + 2x + m$,

$\therefore f(x) = \dfrac{g(x)}{x} = x + \dfrac{m}{x} + 2$,

设 $P(x_0, y_0)$,则 $|PQ|^2 = x_0^2 + (y_0 - 2)^2 = x_0^2 + \left(x_0 + \dfrac{m}{x_0}\right)^2$

$= 2x_0^2 + \dfrac{m^2}{x_0^2} + 2m \geqslant 2\sqrt{2m^2} + 2m = 2\sqrt{2}\,|m| + 2m$,

当且仅当 $2x_0^2 = \dfrac{m^2}{x_0^2}$ 时,$|PQ|^2$ 取得最小值,即 $|PQ|$ 取得最小值 $\sqrt{2}$,

当 $m > 0$ 时,$\sqrt{(2\sqrt{2} + 2)m} = \sqrt{2}$,解得 $m = \sqrt{2} - 1$;

当 $m < 0$ 时,$\sqrt{(-2\sqrt{2} + 2)m} = \sqrt{2}$,解得 $m = -\sqrt{2} - 1$.

编后语:王金战老师的《高考抢分 36 计》(数学)已上市,其他学科将陆续与读者见面.

二次函数——高考永恒的话题

本文节选自《高考抢分36计》(数学)第25计

二次函数属初中内容,但由于它与高中许多内容联系密切,应用十分广泛,因此每年高考都会有大量题目涉及二次函数.二次函数成了高考永恒的话题.

二次函数与许多重要的数学方法,如配方法、换元法、分类讨论法、基本不等式法、赋值法等都有着密切的关系.一元二次方程根的分布问题、一元二次不等式解的讨论、二次曲线交点问题,都与二次函数密切相关.

分析高考题可以发现,二次函数常与其他知识综合考查,一般不会单独命题.常见的有:

(1)通过与幂函数、指数函数、对数函数、反比例函数等复合,研究复合函数的定义域、单调性、最值等性质;

(2)通过根的分布问题与不等式综合考查;

(3)通过与导数的结合,研究一元二次不等式的解集,进而研究函数的单调性.高考中导数为必考内容,最常涉及的几种函数如 $y = ax^3 + bx^2 + cx + d\ (a \neq 0)$、$y = ax + b + \dfrac{c}{x}\ (ac \neq 0)$、$y = ax^2 + bx + c + d\ln x\ (ad \neq 0)$、$y = (ax^2 + bx + c)d^x\ (a \neq 0, d > 0, d \neq 1)$ 等求导数都会转化成二次函数;

(4)与其他函数一起共同考查,研究参数范围等问题.

由于二次函数应用过于广泛,因此限于篇幅其应用在此无法

综合得 a 的取值范围为 $(-\infty,\frac{1}{2}]$.

点评:本题中,(2)用的是由(1)的结论导出的结果 $e^x \geqslant 1+x$,并反复使用。(1)难度较小,(2)难度较大,(1)为(2)做铺垫。

编后语:王金战老师的《高考抢分 36 计》(数学)已上市,其他学科将陆续与读者见面.

等等.

在解题中,特别是在考试中,要在头脑中树立后面的问题使用前面结论的强烈意识.但要注意一点,当第一问有附加条件时(如某个量取了特殊值),后面的问题只有也满足这一附加条件时才能使用第一问的结论.

例1 设函数 $f(x) = e^x - 1 - x - ax^2$.

(1)若 $a = 0$,求 $f(x)$ 的单调区间;

(2)若当 $x \geqslant 0$ 时 $f(x) \geqslant 0$,求 a 的取值范围.

解析:(1) $a = 0$ 时,$f(x) = e^x - 1 - x$,$f'(x) = e^x - 1$.

当 $x \in (-\infty, 0)$ 时,$f'(x) < 0$;

当 $x \in (0, +\infty)$ 时,$f'(x) > 0$,

$\therefore f(x)$ 在 $(-\infty, 0)$ 单调减少,在 $(0, +\infty)$ 单调增加.

(2) $f'(x) = e^x - 1 - 2ax$,

由(1)知 $e^x \geqslant 1 + x$,当且仅当 $x = 0$ 时等号成立.故

$$f'(x) \geqslant x - 2ax = (1 - 2a)x,$$

从而当 $1 - 2a \geqslant 0$,即 $a \leqslant \dfrac{1}{2}$ 时,$f'(x) \geqslant 0 \quad (x \geqslant 0)$,

而 $f(0) = 0$,于是当 $x \geqslant 0$ 时,$f(x) \geqslant 0$.

由 $e^x > 1 + x(x \neq 0)$ 可得 $e^{-x} > 1 - x(x \neq 0)$.

从而当 $a > \dfrac{1}{2}$ 时,

$$f'(x) < e^x - 1 + 2a(e^{-x} - 1) = e^{-x}(e^x - 1)(e^x - 2a),$$

故当 $x \in (0, \ln 2a)$ 时,$f'(x) < 0$,而 $f(0) = 0$,于是当 $x \in (0, \ln 2a)$ 时,$f(x) < 0$.

瞻前顾后，注意联系——
让死了的题活过来

本文节选自《高考抢分36计》(数学)第11计

学生做题时往往把解答题的几个小题进行孤立的思考. 特别是在考试中,由于特别紧张,所以往往是一条路走到黑. 其实,**只要头脑中转个弯,就会发现原来光明就在不远的前方**.

在高考试题中,许多一题多问的题目往往是台阶式的. 一方面,几个小题一般是从易到难,另一方面,前面的小题有时是为了缩小难度而为后面做的铺垫. 因此,**在思考后面的问题时,一定不要忽略了前面的结论**.

在计算题中,如果后面要用到前面的结果,比如第一问是求一个椭圆的方程,而这个方程后面要用到,那么把前面的结果做正确至关重要. 因为如果第一问算错了,后面的结果肯定是错误的. 在阅卷中,对这种情况虽然有规定在一定条件下可以给部分分数,但实际操作中往往是不给分的.

在证明题中,由于结论是已知的,因此你甚至可以在第一问完全不会的情况下,用第一问的结果证明第二问. 阅卷中,并不会因为第一问没有证明或证明不正确而影响第二问的得分. 很多同学一看第一问不会就直接放弃了,这是十分可惜的事情.

当然,后面用到前面结论的情况也有多种,如用到的是前面的一个中间结果,或从前面的简单问题中得到解题思路的启发,

于是 $\sin 2\alpha = \dfrac{56}{65}$，$\cos 2\alpha = -\dfrac{33}{65}$，这样我们就得到了一组毕达哥拉斯数组：$33^2 + 56^2 = 65^2$.

一般情况下，设角 α 的终边上有一个整点 $P(m,n)$，则 $\sin\alpha = \dfrac{n}{\sqrt{m^2+n^2}}$，$\cos\alpha = \dfrac{m}{\sqrt{m^2+n^2}}$，于是 $\sin 2\alpha = \dfrac{2mn}{m^2+n^2}$，$\cos 2\alpha = \dfrac{m^2-n^2}{m^2+n^2}$，这样就得到了毕达哥拉斯数组的一般形式：$2mn$，$m^2-n^2$，$m^2+n^2$.

由此可以看出，搞点创新也并不是什么高不可攀的事情，只要你有了一定的知识基础，有了爱动脑动手的好习惯，你一样可以得出创造性的成果来.

编后语：王金战老师的《数学是怎样学好的》（魅力与方法篇）已上市，同时上市的还有《数学是怎样学好的》（实战篇）、《语文是怎样学好的》、《物理是怎样学好的》、《化学是怎样学好的》、《政治是怎样学好的》等学习方法书.

多么容易,并且避免了讨论,又降低了一个难度级别! 其实,数学就是简捷直观,反思上述解法1,不必做上述换元,可直接做如下处理:

若 $\sin x - 1 \neq 0$ 则 $y = \dfrac{-1}{\sqrt{\left(\dfrac{1-\cos x}{1-\sin x}\right)^2 + 1}}$,令 $t = \dfrac{1-\cos x}{1-\sin x}$,其

几何意义是:定点 $P(1,1)$ 到单位圆上动点 $(\sin\theta,\cos\theta)$ 连线的斜率,即 $t \geqslant 0$,于是 $-1 \leqslant y < 0$,又 $\sin x - 1 = 0$ 时 $y = 0$,故 $y \in [-1,0]$,选 B.

这里看上去非常巧妙的解法,其实就是一些基本方法的组合应用,有点像儿童搭积木. 里面用到的关键的配方、观察到点在圆上、转化成斜率或余弦值,都是一些非常基本的东西. 因此,基本方法用得恰当,它们都可以成为构成奇思妙想的一块块积木.

国外中学生一个创造性思维的成功案例

前些年,我在国外的刊物上发现了一篇文章,题目是《用二倍角公式构造毕达哥拉斯数组》,感觉很有新意,就翻译成中文,刊登在《中等数学》上,又被《中学数学文摘》转载. 由这两家刊物对这篇文章的喜爱,可以看出编辑对外国学生这种创新精神的欣赏程度.

这篇文章是一个国外的数学老师写的,大意是说他的学生发现了一个规律,在任意一个角 α 的终边上随便找到一个整点(两个坐标都是整数的点),只要将这个角加倍,就可以得到一个毕达哥拉斯数组(我们叫做勾股数组,也就是可以作为直角三角形三边的三个数).

例如,取 α 终边上一点 $P(4,7)$,则 $\sin\alpha = \dfrac{7}{\sqrt{65}}$,$\cos\alpha = \dfrac{4}{\sqrt{65}}$,

当 $a = 0$ 时，$y = 0$.

综上可知，$y \in [-1, 0]$，故答案为 B.

这个解法不能说不巧妙，其巧妙的地方有几点：一是开始的配方 $3 - 2\cos x - 2\sin x = (\cos x - 1)^2 + (\sin x - 1)^2$，这个等式从右往左算大家都会算，但是从左边想到右边就不是每个人都能想到的了；二是中间的换元，新变量构成的点 (a, b) 在一个圆上，三是巧妙转化成为圆上一点与原点连线的斜率，结合图形得出结果. 这里简单几个步骤，却综合了函数、三角、解析几何及不等式等许多内容.

本来我对自己的解法比较满意，可后来再看这个解法时，总觉着有点不对劲，就又动了一番脑筋. 研究中，忽然对 $\dfrac{a}{\sqrt{a^2 + b^2}}$ 这个式子产生了一种非常熟悉、亲切的感觉，总感觉里面好像隐藏着什么特别的东西. 后来终于弄明白了：这不就是三角函数定义中的余弦吗？原来那个自以为得意的解法可谓愚不可及呢.

解法 2：设 $1 - \sin x = a$，$1 - \cos x = b$，

则有 $y = f(x) = \dfrac{-a}{\sqrt{a^2 + b^2}}$.

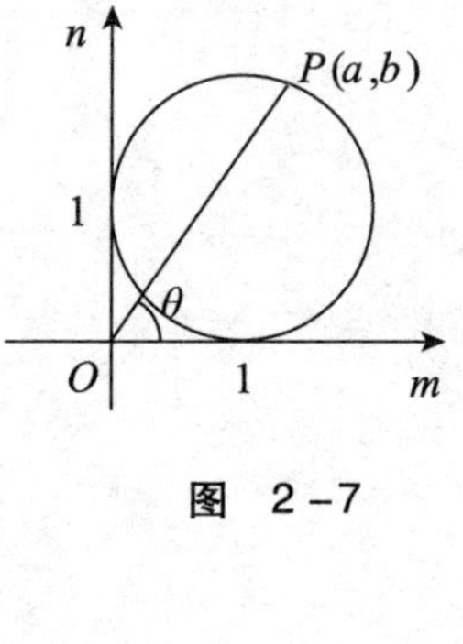

图 2-7

$\because (a - 1)^2 + (b - 1)^2 = 1$，$\therefore$ 点 P (a, b) 在圆 $(m - 1)^2 + (n - 1)^2 = 1$ 上，如图 2-7 所示，设直线 OP 的倾斜角为 θ，则 $0 \leq \theta \leq \dfrac{\pi}{2}$，则 $y = -\cos\theta \in [-1, 0]$.

看，这一改，求范围的最后这一步是

18

对一道高考题解法的创新过程

一次在某数学论坛上,发现一个"2008 年重庆高考理科第 10 题有没有好的解法"的帖子,帖子当中有人给出了几个链接,一看才知道已有不少人对这题做过研究,提出了很多行之有效的解法,如导数法、特殊值法、换元法等,也有人提出数形结合.

例 3 函数 $f(x) = \dfrac{\sin x - 1}{\sqrt{3 - 2\cos x - 2\sin x}}$ ($0 \leq x \leq 2\pi$) 的值域是(　　)

(A)$\left[-\dfrac{\sqrt{2}}{2}, 0 \right]$　　　　(B)$[-1, 0]$

(C)$[-\sqrt{2}, 0]$　　　　(D)$[-\sqrt{3}, 0]$

不愧为是选择题的压轴题,着实有一定的难度. 我结合其他解法,经过一番深思,得出了这样的解法:

解法 1:注意 $3 - 2\cos x - 2\sin x = (1 - \cos x)^2 + (1 - \sin x)^2$,

设 $1 - \sin x = a, 1 - \cos x = b$,则有 $y = f(x) = \dfrac{-a}{\sqrt{a^2 + b^2}}$.

当 $a \neq 0$ 时,有 $y = \dfrac{-1}{\sqrt{\left(\dfrac{b}{a}\right)^2 + 1}}$,

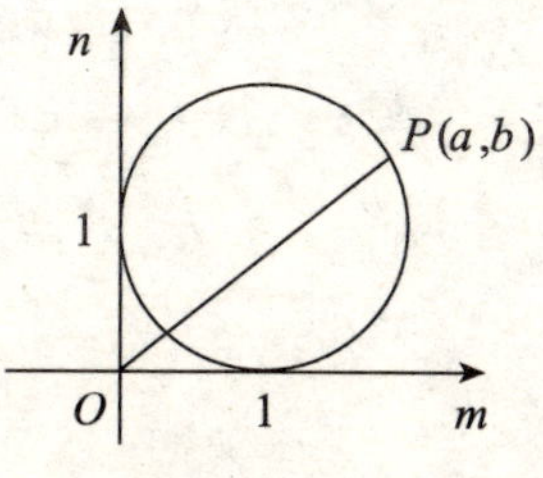

由于 $(a-1)^2 + (b-1)^2 = 1$,所以

图 2-6

点 (a, b) 在圆 $(m-1)^2 + (n-1)^2 = 1$ 上,如图 2-6 所示,$\dfrac{b}{a}$ 表示圆上任一点与原点连线的斜率,结合图形可知 $\dfrac{b}{a} \geq 0$,$\therefore -1 \leq y < 0$;

> 0 ④.

由③④得 $4 + b > 2|a|$ ⑤,由①②得 $4b \leqslant a^2 < 16$,即 $b < 4$,由⑤知 $b > -4$,所以 $|b| < 4$;

反之,由 $2|a| < 4 + b$ 且 $|b| < 4$,可得③④①;

而②已知,可逆推得 $|\alpha| < 2$,$|\beta| < 2$.

解法 3 和解法 4,是调整或分离变量后数形结合,运用函数图像的特征来转化问题、解决问题,具有广泛的应用价值和意义,如利用函数 $f(x) = x + \dfrac{k}{x}$ 图像及其单调性可以解决 1989 年高考压轴题、1997、1998 年应用题、2002 年北京卷和 2006 年上海卷压轴题、近几年来尤其 2009、2010 年的多道函数与导数结合题,等等,可参考新作《高考数学难题破解策略》相关章节.

通过对典型例题进行一题多解、一题多变、一题多用这三个层次的训练,不仅学活了知识,更重要的是完善了解题模式,达到锻炼思维品质、培养创新思维能力之目的.

4. 升华——创造性思维的形成

如果做好前面所述的解题能力的四个层次,就能达到解题灵活自如之目标.但这充其量也就是会解题而已,应付考试是不成问题的.要想达到更高的境界,特别是能够有所创造,还要能把所掌握的知识和能力进行进一步的升华. 这种升华就是要把大脑中的知识形成一种复杂的网络,通过不同内容甚至不同学科的结合而碰撞出智慧的火花.

已知抛物线 $E: y^2 = x$ 与圆 $M: (x-4)^2 + y^2 = r^2 (r > 0)$ 相交于 A、B、C、D 四个点.

(1)求 r 的取值范围;

(2)当四边形 $ABCD$ 的面积最大时,求对角线 AC 与 BD 的交点 P 的坐标.

(答案略,可以登录 www.kgedu.net/jzbooks 免费下载!)

3. 一题多用,培养思维的深刻性

蘑菇战术——蘑菇是丛生的,学会在首先发现的蘑菇周围再寻找,以扩展战果,成片开发.

解题能力的第四个层次是:一题多用,培养思维的深刻性.

对于以上三个层次尤其是一题多解涉及的解题方法进行总结评价,分清通法与巧法,更重要的是要考虑这些方法在实际解题中的应用价值,不仅做一题会一类,更收举一反三、触类旁通之效.

前述例1的解法1可用于解上述高考题,解法2用于解决一元二次方程在有限区间上根的分布问题,形象直观而且简捷有效,再如:

例2 已知关于 x 的实系数二次方程 $x^2 + ax + b = 0$ 有两个实数根 α, β,证明:

(1)如果 $|\alpha| < 2$,$|\beta| < 2$,那么 $2|a| < 4 + b$ 且 $|b| < 4$;

(2)如果 $2|a| < 4 + b$ 且 $|b| < 4$,那么 $|\alpha| < 2$,$|\beta| < 2$.

简证如下:令 $f(x) = x^2 + ax + b$,则 $|\alpha| < 2$,$|\beta| < 2$

$\Leftrightarrow f(x)$ 图象与 x 轴的两个交点在 $(-2, 2)$ 内

$\Leftrightarrow -2 < -\dfrac{a}{2} < 2$ ①且 $f\left(-\dfrac{a}{2}\right) \leqslant 0$ ②且 $f(-2) > 0$ ③且 $f(2)$

本例是形数结合的典范:由形直接转化为数,即问题转化为一元二次方程在有限区间上根的分布问题,这是对此例的一个本质转化.对方程的解直接进行分类讨论,即解法 1,为通法;对方程寻求几何意义,或变形后再寻求几何意义,即解法 2~4,这是由数到形转化,比解法 1 简捷,为巧法;当然,深入分析本例的特征,联想与已有知识如几何意义、参数意义、定比分点、平面向量(有三点 A、P、B 共线)等的相似联系,可得解法 5,这些思考方法是更好地由形到数,因此显得更为巧妙!

2. 一题多变,培养思维的灵活性

解题能力的第三个层次是:进行一题多变训练.

改变条件的叙述方式或改变条件、改变题设背景,或改变设问方式,或把相似的几个题目组合改造、引申演变成新的问题等,都是重要手段.**善于进行一题多变训练,同时又能将不同背景的问题(暗含本质联系)进行概括,抽象成统一的数学模型(即本书倡导的数学模式解题法),这是培养思维灵活性的关键.**

对本例,将条件中"有且只有一个公共点"改成"有两个公共点",或"没有公共点",重新按以上诸法解答,必有新的感悟!

若改变题目的呈现方式,可用集合语言叙述为:

设 $I = R$ 为全集,集合 $A = \{ (x,y) \mid y = -x^2 + mx + 1 \}$,$B = \{ (x,y) \mid y = 3 - x, 0 \leqslant x \leqslant 3 \}$,求使 $A \cap B$ 为单元素集的实数 m 的范围.

若改变题设背景,如加入应用背景、数列或解析几何知识背景,这种问题将会有更大的拓展空间.大家有所不知,很多高考题或竞赛就是这样改造而来的.如 2009 年全国高考 I 卷理科题:

(4)观察图 2-5,联想定比分点或向量数的知识,可有下面的解法:

解法5: 设 $M(x_0, y_0)$,$\lambda = \dfrac{AM}{MB}$,则由向量(或定比分点公式)得

$$x_0 = \frac{3}{1+\lambda}, \quad y_0 = \frac{3\lambda}{1+\lambda},$$

代入抛物线方程式得:$2\lambda^2 + (1 - 3m)\lambda + 8 - 3m = 0$,

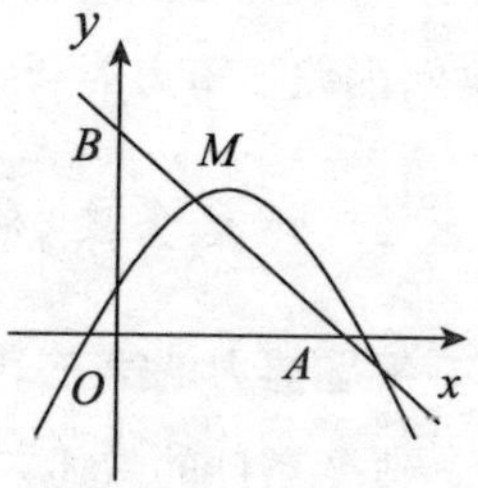

据图 2-5 特征,点 M 在线段 AB 内部,$\lambda > 0$,

若抛物线与线段相切时,$\Delta = 0$,结合 $\lambda > 0$ 得 $m = 2\sqrt{2} - 1$;

若抛物线与线段相交且只有一个交点时,$\lambda_1 \cdot \lambda_2 < 0$,解得 $m > \dfrac{8}{3}$.

图 2-5

以上解法仅作抛砖引玉之用,同学们可以尝试做出更多的探索.

评价总结

如果说对同学们进行一题多解训练,以展开联想和想象的翅膀,在创新的天空自由地翱翔,集思广益,培养发散思维能力,是"放",那么还应善于"收",即我们还应学会反思与评价:对上述方法进行分析比较,分出解决问题的通性通法与特技巧法,以便抽象概括形成对此问题的本质认识,进而揭示解题规律,完善解题模式.

解法 2： 如图 $2-2$ 所示，设 $f(x) = x^2 - (m+1)x + 2$，则原问题

$\Leftrightarrow$ 抛物线 $y = f(x)$ 在 $[0,3]$ 内与 x 轴有唯一公共点

$\Leftrightarrow \Delta = 0$ 且 $0 \leqslant \dfrac{m+1}{2} \leqslant 3$；或 $f(0) = 2 > 0$ 且 $f(3) = 8 - 3m$

< 0，解得 $m = 2\sqrt{2} - 1$ 或 $m > \dfrac{8}{3}$.

（2）原题中线段为固定的而抛物线为变化的，如果消去 y 整理为 $x^2 + 2 = (m+1)x$，则可以转化为固定的抛物线与动直线的关系，有：

解法 3： 作函数 $y = x^2 + 2$ 与 $y = (m+1)x$ 的图像，使它们在 $[0,3]$ 内有唯一公共点.

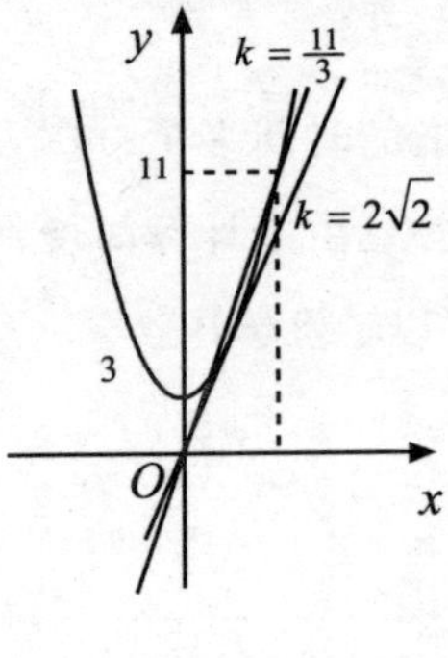

由图 $2-3$ 易知斜率 $m + 1 = 2\sqrt{2}$ 或 $m + 1 > \dfrac{11}{3}$，故 $m = 2\sqrt{2} - 1$ 或 $m > \dfrac{8}{3}$.

（3）通过分离变量，可以转化为水平的动直线与"双勾函数"在 $[0,3]$ 上只有一个公共点的问题.

图 $2-3$

这也是常见转化方法之一，有：

解法 4： 整理得 $m + 1 = x + \dfrac{2}{x}$，如图 $2-4$ 所示，作出函数 $y = m + 1$ 与 $y = x + \dfrac{2}{x}$ 的图像，可知在 $[0,3]$ 内有唯一公共点时，

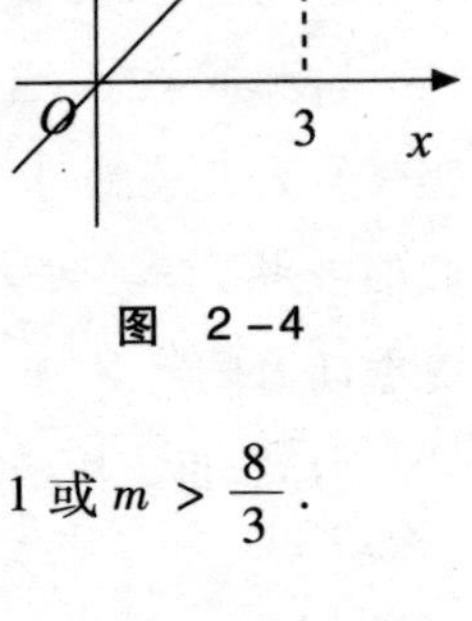

图 $2-4$

$m + 1 = 2\sqrt{2}$ 或 $m + 1 > \dfrac{11}{3}$，即 $m = 2\sqrt{2} - 1$ 或 $m > \dfrac{8}{3}$.

人佩服！同时,你也一定会产生寻求其他解法的冲动.难则思变,这也是解数学题的一种境界吧.

多思巧解

解题能力的第一个层次是:利用通性通法,寻求题目的一种解法并得到正确的结果.

上述解法属于通性通法,虽然思路自然,但缺点是计算复杂,容易出错,对解题者的数学素养有较高的要求.如果我们能多角度、全方位地对这一问题进行分析思考,会找到许多既简捷又易于计算的方法.

解题能力的第二个层次是:一题多解,即在通性通法的基础上,寻求其他更简捷、更巧妙的解法.

常言道,磨刀不误砍柴工,虽然用在思考上的时间多了,可是用在计算上的时间少了,总时间反而会更少,并且由于计算简便,可以有效地避免计算失误.经常这样训练,就可以轻松学好数学.

另一方面,寻求优化解法的过程是一种先苦后甜的挑战性活动.无论何人,在经过苦思冥想后找到一种具有创新性的简捷解法的时候,无不从内心产生一种无法言喻的兴奋和成就感.这是数学的思维美带给人的美感.正是这种美感给我们带来了学习数学的巨大兴趣和无穷动力！

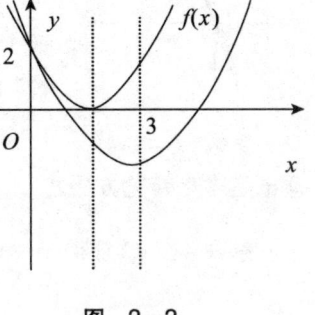

图 2-2

(1)借助二次函数根的分布,可得如下解法:

11

纠错

解法1： 抛物线 C 与线段 AB 有且只有一个公共点.

$\Leftrightarrow$ 方程组 $\begin{cases} y = -x^2 + mx + 1, \\ y = 3 - x \ (0 \leqslant x \leqslant 3) \end{cases}$ 有唯一解

$\Leftrightarrow$ 方程 $x^2 - (m+1)x + 2 = 0$ 在 $[0,3]$ 内有唯一实数解.

由求根公式得 $x_{1,2} = \dfrac{m+1 \pm \sqrt{\Delta}}{2}$,其中 $\Delta = (m+1)^2 - 8$,分类讨论如下：

①当 $\Delta = 0$ 即 $m = \pm 2\sqrt{2} - 1$ 时,

若 $m = 2\sqrt{2} - 1$,有 $x_1 = x_2 = \sqrt{2} \in [0,3]$;

若 $m = -2\sqrt{2} - 1$,则 $x_1 = x_2 = -\sqrt{2} \notin [0,3]$,舍去;

故 $m = 2\sqrt{2} - 1$.

②当 $\Delta > 0$ 即 $m > 2\sqrt{2} - 1$ 或 $m < -2\sqrt{2} - 1$ 时,有两种情况:

$(1) \begin{cases} x_1 < 0, \\ 0 \leqslant x_2 \leqslant 3, \end{cases}$ 或 $(2) \begin{cases} x_2 > 3, \\ 0 \leqslant x_1 \leqslant 3. \end{cases}$

(1) 无解;由 (2) 得

$$\begin{cases} 0 \leqslant \dfrac{m+1-\sqrt{\Delta}}{2} \leqslant 3, \\ \dfrac{m+1+\sqrt{\Delta}}{2} > 3. \end{cases} \Rightarrow m > \dfrac{8}{3}.$$

综上,有 $m = 2\sqrt{2} - 1$ 或 $m > \dfrac{8}{3}$.

这种解法的思路非常好理解,相信你一定弄明白了.只是那两个不等式组 (1) 和 (2) 你具体解了吗?如果你不畏艰难,写出详细解法过程并得到了正确结果的话,相信你的计算能力一定非常令

$\Leftrightarrow$ 方程组 $\begin{cases} y = -x^2 + mx + 1, \\ y = 3 - x \end{cases}$ 有唯一解

$\Leftrightarrow$ 方程 $x^2 - (m+1)x + 2 = 0$ 有唯一实数解

$\Leftrightarrow \Delta = 0$,解得 $m = \pm 2\sqrt{2} - 1$.

错解 2: 抛物线 C 与线段 AB 有且只有一个公共点,即相切.于是方程 $x^2 - (m+1)x + 2 = 0$ 有唯一实数解,则由 $\Delta = 0$,解得 $m = \pm 2\sqrt{2} - 1$.

思考

问题出在哪里?——都是条件惹的祸!

其实,上述两种错误的根源都在于忽略了题目的隐含条件:$0 \leqslant x \leqslant 3$!因为 AB 是线段而不是直线,所以无论从方程有唯一解的角度还是从只有一个公共点的角度来考虑,$\Delta = 0$ 都不是充要条件.

一般情况下,当题目中有隐含的限制条件需要挖掘时,很多同学容易将其忽略,这就是思维的肤浅性. 在解题之前一定要注意题目中的陷阱. 一旦养成了良好的审题习惯,这种错误是很容易避免的.

对于这种求值或求范围的题目,要注意变形的等价性,即步步寻求充要条件!

错解一忽视了限制范围 $0 \leqslant x \leqslant 3$,错解二则漏掉了抛物线 C 与线段 AB 相交,且只有一个公共点的情况(图 $2-1$).

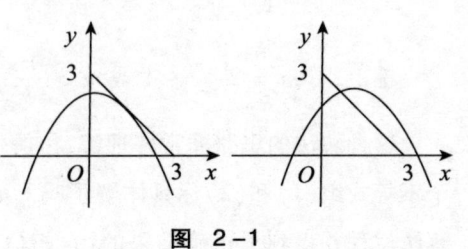

图 $2-1$

跌宕起伏 峰回路转——
尝试探索，经历数学思维美

本文节选自《数学是怎样学好的》(魅力与方法篇)

数学是思维的体操。

——加里宁

数学是思维的科学,是训练思维增长智慧的,是聪明学;我们只要做有心人,就会时时处处发现她跌宕起伏的思维与智慧之美.

思维对于分析解决问题具有至关重要的指导作用,我们在这里不做深入的理论探讨,只希望从对一个常规例子的解析中去体会.请看下面的问题:

例1 已知两点 $A(3,0)$,$B(0,3)$,抛物线 C 的方程是 $y = - x^2 + mx + 1$,抛物线 C 与线段 AB 有且只有一个公共点,试求实数 m 的取值范围.

1. 一题多解,培养思维的发散性

尝试

请同学们先不必着急向下看,好好想一想此题如何求解.

想必你已经找到了一种方法了吧.此题属常规题,但许多同学却屡做屡错,常见错误解法主要有下述两种.你的解法是否与下述解法相似或相同?

错解1: 抛物线与线段有且只有一个公共点.

高考重点考查的题型,应该有一种"明知山有虎,偏向虎山行"的胆气,你一定会成功的.

编后语:王金战老师的《数学是怎样学好的》(实战篇)已上市,同时上市的还有《数学是怎样学好的》(魅力与方法篇)、《语文是怎样学好的》、《物理是怎样学好的》、《化学是怎样学好的》、《政治是怎样学好的》等学习方法书.

是 $|PM|_{\max}^2 = -3b^2 + 3b + 4b^2 + \dfrac{9}{4} = b^2 + 3b + \dfrac{9}{4} = 7$，化简得 b^2

$+ 3b - \dfrac{19}{4} = 0$，所以 $b = \dfrac{-3 \pm \sqrt{28}}{2}$

再结合 $0 < b < \dfrac{1}{2}$ 这一条件可知，没有满足 $0 < b < \dfrac{1}{2}$ 的解. 最后一定要做个结论，不要到此为止，一定要把这句话给说上，这句话应该是：

所以所求椭圆方程为 $\dfrac{x^2}{4} + \dfrac{y^2}{1} = 1$.

这道题到此就得满分啦.

仔细回味本题的过程，总有一种感动，有一种流连忘返的感觉. **当在数学上遇到一个真正触及数学灵魂的题目时，要停下匆匆的脚步，认真地感悟一下，欣赏一下，感动一下，这样在你的头脑中会留下很多的沉淀. 当类似的情况在今后再发生的时候，你的沉淀被迅速地激活，所以你的思路大开，便多了很多帮手. 这就是为什么有些学习好的人只要看到一个题目就总是灵光闪现，总是思路大开，靠的是在欣赏美的过程中，头脑中的不断沉淀.**

这个题目思路很简单，采取的方法都是通性通法. 但是，你只有进入这个惊心动魄的过程中，才能真正感受到解析几何的魅力，感受到数学的魅力，所以你千万不要以为一个题有思路了，便可匆匆放过，除非这种类型的题高考基本上不考. 只要是高考重点考的类型，你看着有思路了，已经是这个题的良好的开端，一定要把它认认真真做下来，收获往往在过程中. 你的问题也都藏在过程中. 所以当你深入到过程中，便使得问题得到充分暴露，于是你的能力得到更大的提高，这是我给大家的建议. 归结为一句话，对于那些的,它对人的震撼力恰好就在这个过程中! 为什么这个答案是错的呢? 因为 y 的取值范围不是任意实数,它是椭圆上一个点的纵坐标,所以 $y \in [-b, b]$,这个潜藏的条件,如果不被发现,那些马大哈们,一般就在这个地方陷进去了,这是很可惜的. 所以如果说这个题难,不是难在解析几何,而是难在二次函数上. 当我们来求这个二次函数的最大值时,自然就牵扯到数学上的一个重要思想,叫分类讨论.

从图 1-2 来看,这个二次函数的对称轴是 $-\frac{1}{2}$,是固定的. 当 $-b \leqslant -\frac{1}{2}$ 时,显然是在 $-\frac{1}{2}$ 这个地方达到最大值,那就是 $|PM|_{max}^2 = -\frac{3}{4} + \frac{3}{2} + 4b^2 + \frac{9}{4}$. 这个最大值又等于 7,这个时候我们解出 $b^2 = 1$,而 $b \geqslant \frac{1}{2}$,恰好符合. 所以此时所求椭圆的方程就是 $\frac{x^2}{4} + \frac{b^2}{1} = 1$,你看,这个结果多可爱.

我经常强调一句话,**解析几何中过程越变态,最后结果往往越简单**. 所以当面对变态的过程的时候,你的心态只要保持平和,那么一个美好的结果就要出现啦.

第二种情况,当 $-b > -\frac{1}{2}$ 时,即 $0 < b < \frac{1}{2}$ 时,观察

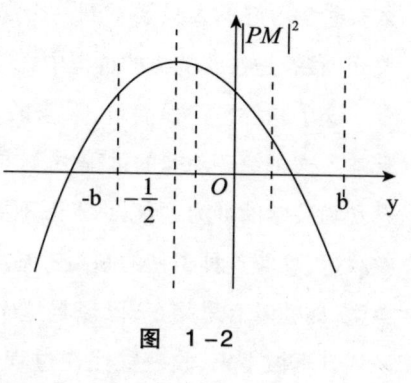

图 1-2

图像可知, $|PM|^2$ 在 $-b$ 这个点取到最大值,把 $-b$ 带入,那么就

5

但数学的思想是,抓住瞬间,达到永恒.这就是数学处理问题的方法.当然很多考虑简单的同学,凭想象,会认为 P 点到 Q 点距离应该是最大的.

那倒挺简单了,这个问题马上就求解完了,也就马上错光了.我们假设点 $M(x, y)$ 是椭圆上的任意一点,那么 PM 的长度就是一个变数.我们看 $|PM|^2$,为什么要看 $|PM|^2$ 呢?各种信息决定了你要考虑 $|PM|^2$,因为第一是最大距离是 $\sqrt{7}$,一平方变成 7 啦,多好玩。

另外呢,PM 两点间的距离 $\sqrt{(x_1 - x_2)^2 + (y_1 - y_2)^2}$ 本身,也是挺变态的一个表达式,但是你一平方以后呢,又变得好看了.

$|PM|^2 = x^2 + \left(y - \dfrac{3}{2}\right)^2$. M 点是在椭圆上,所以坐标应满足 $x^2 + 4y^2 = 4b^2$ 这个条件,二者联立便有:$|PM|^2 = x^2 + \left(y - \dfrac{3}{2}\right)^2 =$

$4b^2 - 4y^2 + \left(y - \dfrac{3}{2}\right)^2 = -3y^2 - 3y + 4b^2 + \dfrac{9}{4}$,$|PM|^2$ 变成了一个关于 y 的二次函数,y^2 的系数是负的,抛物线开口向下,所以这个二次函数必然有一个最大值,最大值里边肯定含有 b^2. 根据题意它的最大值又是 7,这个等量关系便出现了,于是 b^2 解决了,这个题就解完了,这就是这个题的思路.

下面我们集中精力来求这个二次函数的最大值. 可能有些同学会很轻松,$|PM|^2_{max} = \dfrac{4ac - b^2}{4a} = \dfrac{-12\left(4b^2 + \dfrac{9}{4}\right) - 9}{-12} = 7$.

可以求出 b^2 来了,但是这个结果是错的.那错在那儿呢?所以大家看,不到具体过程中,是看不出这个题真正的、重量级的东西下面我们一层层地往下看. 先把第一个条件转化为 a^2 和 b^2 的一个方程, 那么离心率 $e = \dfrac{c}{a} = \dfrac{\sqrt{3}}{2}$. 也就说, $\dfrac{a^2 - b^2}{a^2} = \dfrac{3}{4}$, 所以得到了第一个方程, 就是 $a^2 = 4b^2$. 大家看, 当我们按照这个思路往下进行的时候, 第一个得分点闪亮登场, $a^2 = 4b^2$, 这时第一个方程得到了. 而且, 具体做题的过程中, 你只要得到这样的一个方程, 就能得到整个题四分之一的分数啦, 这是一个很重要的得分点.

往下, 我们开始探讨第二个方程. 但是要注意这个题各种有用的信息, 简化解题的过程, 减轻你的心理负担. 所以你想啊, 既然已经是 $a^2 = 4b^2$, 那么我们就没有必要让椭圆的方程以 $\dfrac{x^2}{a^2} + \dfrac{y^2}{b^2} = 1$ 这样的形式出现了, 把 $a^2 = 4b^2$ 带入 $\dfrac{x^2}{a^2} + \dfrac{y^2}{b^2} = 1$ 的话, $\dfrac{x^2}{a^2} + \dfrac{y^2}{b^2} = 1$ 这个方程就可以美美容啦, 给它调整调整, 它会变得更加好看. 把 $a^2 = 4b^2$ 带入 $\dfrac{x^2}{a^2} + \dfrac{y^2}{b^2} = 1$, 就变成一个更加好看的方程: $x^2 + 4y^2 = 4b^2$, 这个方程就比 $\dfrac{x^2}{a^2} + \dfrac{y^2}{b^2} = 1$ 要美观多了, 当然本质上是一回事. 所以当下面你选择这个方程来求解、讨论的时候, 问题就变简单了.

还有一个未知数需要搞定, 发现正好还有一个条件没用, 那么这个条件怎么用呢? 其实, 这就是该题最核心的地方. 点 P 到椭圆上点的最大距离是 $\sqrt{7}$. 大家注意, 这个点到椭圆上每一个点都有一个距离, 而且这个距离是在不断变化的. 随着这个点的不断移动, 这个距离也在不断变化. 但是, 在它不断的变化中, 总有一个时刻达到最大. 达到最大的那一刻, 定格下来, 就是一个等量关系.

所以, 大千世界中, 不等是永恒的, 相等是暂时的, 是瞬间的.

轴在 x 轴,所以这个椭圆基本上就是这样一个形状(见图 1-1):

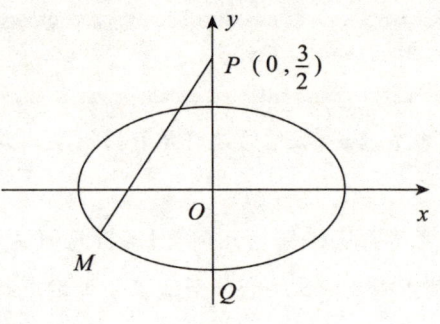

图 1-1

这个椭圆的中心在原点,长轴在 x 轴,马上可以想到,这个椭圆的方程就是 $\dfrac{x^2}{a^2} + \dfrac{y^2}{b^2} = 1$. 要求椭圆方程,就是求 a^2 和 b^2,要求这两个未知数,需要知道两个条件,一个条件列出一个方程,另一个条件再列出一个方程,联立起来,解方程组,那么就解出来了. 所以这样的一种思维方法在数学上就是著名的方程理论.

那么我们就来看,这个题有没有给我们提供两个条件呢? 这时候就要仔细看题了,发现恰好提供了两个条件,你这个思路一对,上帝都在帮你. 你看,这个离心率是 $\sqrt{\dfrac{3}{2}}$,这是一个了吧;第二个条件,这个点到这个椭圆上点的最大距离是 $\sqrt{7}$,这不两个条件了吗? 两个未知数,两个条件,这个问题解决啦,思路就是这样. 但真的是这样吗? 具体做起来真的这么容易吗?

本题真正的含金量,它的一些惊心动魄的地方,或者你真正需要收获的地方,可能在有大思路的情况下,往往需要深入到解题的具体过程中,才能真正感受到你和这个题的差距在哪.

一道题揭示出解析几何的本质

本文节选自《数学是怎样学好的》(实战篇)

几乎所有考生都害怕解析几何,但解析几何又是每年必考的内容,看来突破解析几何这一瓶颈便成了一大重点.其实仔细分析每年的高考题,我们会发现解析几何的题具有很强的规律性,在每一个题中总是若隐若现出现那种看似无形却有形、犹抱琵琶半遮面的情景,与其大量地去做题把自己累得喘不过气来,还不如对每一个题都认认真真地分析一番,发现规律,找到共性,这才是事半功倍的做法.

下面提供的是一道很常见的题,但仔细分析解题的过程,我们会发现很多有趣的事,这可能就是大家常说的:现实中并不缺少美,缺少的是发现.

例1 椭圆的中心在原点,长轴在 x 轴,离心率为 $\dfrac{\sqrt{3}}{2}$,点 $P(0,$ $\dfrac{3}{2})$ 到椭圆上点的最大距离为 $\sqrt{7}$,求椭圆方程.

下面我们共同来分析这个题目的思路.

首先,要把眼睛盯在最该盯的地方,这个题目的要求是求椭圆的方程,所以你的眼睛应该先定格在求椭圆的方程上,于是应该先考虑这是一个什么样的椭圆呢?

开始,椭圆的形象应该在你的头脑中活灵活现,一想起求椭圆方程来,就开始联想椭圆.这个椭圆太可爱啦,它的中心在原点,长

1